BIBLIOGRAPHISCHER DIENST
STAAT UND RECHT

Herausgeber:
DEUTSCHES INSTITUT FÜR RECHTSWISSENSCHAFT
Potsdam-Babelsberg

Jahrgang 4/1958 — Heft 1
Januar/Februar

AKADEMIE-VERLAG · BERLIN

Inhaltsverzeichnis:

Auslieferungen:

Für das Gebiet der Deutschen Demokratischen Republik: LKG-Leipziger Kommissions- und Großbuchhandel, Leipzig C 1, Leninstraße 16

Für das Gebiet der Deutschen Bundesrepublik: KUNST UND WISSEN, Inh. Erich Bieber, Stuttgart N, Hospitalstraße 33a

Für das gesamte Ausland: Deutsche Buch-Export und -Import GmbH., Leipzig C 1, Postschließfach 276, oder Akademie-Verlag GmbH., Berlin W 8, Mohrenstraße 39

Bestellungen sind zu richten an eine Buchhandlung oder an die Post

---

Herausgeber und verantwortlich für den Inhalt: Der Direktor des Deutschen Instituts für Rechtswissenschaft. Redaktion: Helmut Luft, Potsdam-Babelsberg, Karl-Marx-Straße 2. Verlag: Akademie-Verlag GmbH. Berlin W 8, Mohrenstraße 39, Fernruf: 200386, Postscheckkonto: 35021. Bestell- und Verlags-Nr. dieses Heftes: 1049/4/1. Die Zeitschrift erscheint zweimonatlich. Bezugspreis für den Jahrgang einschließlich Register: DM 22,20; Einzelheft: DM 3,70. Veröffentlicht unter der generellen Druckgenehmigungs-Nr.: Ag 715/58 DDR. Gesamtherstellung: VEB Druckerei „Thomas Müntzer" Bad Langensalza.

A. BIBLIOGRAPHIE AUS ZEITSCHRIFTEN DER DEUTSCHEN DEMOKRATISCHEN REPUBLIK, DER SOWJETUNION UND DEN LÄNDERN DER VOLKSDEMOKRATIE

Diese Bibliographie enthält eine Auswahl einschlägiger Artikel aus folgenden Zeitschriften: 1)

a) Deutschsprachige Zeitschriften

Ahdl.	= Der Außenhandel, Berlin	1957,H.19-23
Altertum	= Das Altertum, Berlin	1957,Bd 3,H.3
Arb.	= Die Arbeit, Berlin	1957,H.10-11
ArbR	= Arbeitsrecht, Zeitschrift für Theorie und Praxis, Berlin	1957,H.10-11
Aufb.	= Aufbau(Kulturpolitische Monatsschrift), Berlin	1957,H.10
A.u.S.	= Arbeit und Sozialfürsorge, Berlin ...	1957,H.19-22
Ber.Dt.Wirtsch.Inst.	= Berichte des Deutschen Wirtschaftsinstituts, Berlin	1957,H.17-19
ddz	= Dokumentation der Zeit, Berlin	1957,H.151-153
Dem.Aufb.	= Demokratischer Aufbau, Berlin	1957,H.19-23
Dem.u.R.	= Demokratie und Recht, Berlin	1957,H.5
DFW	= Deutsche Finanzwirtschaft, Berlin ...	1957,H.19-23
Dt.Auss.pol.	= Deutsche Außenpolitik, Berlin	1957,H.10-11 Sonderheft,1
Dt.Zs.Philos.	= Deutsche Zeitschrift für Philosophie, Berlin	1957,H.5
Einh.	= Einheit, Berlin	1957,H.10-11
EuV	= Erfindungs-und Vorschlagswesen,Berlin	1957,H.19-22
Forum,Wiss.Beil.	= Wissenschaftliche Beilage des Forum Berlin	1957,H.3,5,6 1957,H.19-21,26
Hdl.	= Der Handel, Berlin	1957,H.10-11
Hswesen	= Das Hochschulwesen, Berlin	1957,H.10-11
Jug.Heimerz.	= Zeitschrift für Jugendhilfe und Heimerziehung, Berlin	1957, H.10-11
Militärwesen	= Zeitschrift für Militärpolitik und Militärtheorie, Berlin	1957, H.5-6
Nat.	= Die Nation, Zeitschrift für Theorie und Praxis nationaler Politik, Berlin ...	1957,H.10-11
NJ	= Neue Justiz, Berlin	1957,H.21-24
N.Weg	= Neuer Weg, Berlin	1957,H.19-23

N.Zeit	= Neue Zeit, Moskau	1957,H.40-47
RID	= Rechtswissenschaftlicher Informationsdienst, Berlin	1957,H.21-23
Sov.Wiss.(GB)	= Sowjetwissenschaft,Gesellschaftswiss. Beiträge, Berlin	1957,H.11
Soz.Vers.	= Die Sozialversicherung, Berlin	1957,H.11
Stat.Prax.	= Statistische Praxis, Berlin	1957,H.10
St R	= Staat und Recht, Berlin	1957, H.10-11
Vertr.Syst.	= Vertragssystem, Berlin	1957,H.3-5
Vpol.	= Die Volkspolizei, Berlin	1957,H.19-22
Weltb.	= Die Weltbühne, Berlin	1957,H.41-47
Wirtsch.Wiss.	= Wirtschaftswissenschaft, Berlin	1957,H.4 Sonderheft
Wiss.Ann.	= Wissenschaftliche Annalen, Berlin	1957,H.10-11

b) Fremdsprachige Zeitschriften

Čas.pro mez.pr.	= Časopis pro mezinárodni právo,Prag..	1957,H.3
J.N.	= Justitia Nouá (Neue Justiz),Bukarest..	1957,H.5-6
	Kommunist, Moskau	1957,H.14-15
	Nová mysl (Neuer Geist), Prag	1957,H.10-11
	Nowe Drogi (Neue Wege), Warschau	1956,H.4,10 1957,H.10/11
N.P.	= Nowe Prawo (Neues Recht), Warschau ...	1957,H.10-11
P.i P.	= Państwo i Prawo (Staat und Recht), Warschau	1957,H.7/8
Pr.	= Právník (Der Jurist), Prag	1957,H.8
Pr.obz.	= Právny obzor (Juristische Rundschau), Prag	1957,H.7-8
Pr.študie	= Právnicke študie (Juristische Studien), Bratislava	1957,H.3
Przegl.zach.	= Przeglad Zachodni, Posen	1957,H.1,4
Soc.pravo	= Socialističesko pravo (Sozialistisches Recht), Sofia	1957,H.3-5,7
Soc.zák.	= Socialistická zákonnost (Die sozialistische Gesetzlichkeit), Prag	1957,H.7-8
Soc.zak.(SSSR)	= Socialističeskaja zakonnost (Sozialistische Gesetzlichkeit), Moskau	1957,H.1-6,8-10
	Soudce z lidu (Der Volksrichter),Prag	1957,H.7-8
Sov.gos.pravo	= Sovetskoe gosudarstvo i pravo (Sowjetstaat und Sowjetrecht), Moskau	1957,H.10-11
Učenye Zapiski	= Učenye Zapiski, (Wissenschaftliche Schriften), Moskau	1957,H.2(6)
Vopr.ekon.	= Voprosy ekonomiki (Fragen der Ökonomie), Moskau	1957,H.7

Vopr.fil. = Voprosy filosofii (Fragen der Philosophie), Moskau 1957,H.4-5

Vopr.ist. = Voprosy istorii (Fragen der Geschichte), Moskau 1957,H.9

1) Die hier aufgeführten Hefte sind gemäß der Benutzungsordnung der Bibliothek des Deutschen Instituts für Rechtswissenschaft bedingt ausleihfähig.

1.Marxismus-Leninismus [1]

Dokumente zum 40. Jahrestag der Oktoberrevolution.(An die Bevölkerung! Über das Gerichtswesen. Lenin über die Rolle des Sowjetgerichts. Aufgaben auf dem Gebiet des Gerichtswesens.)(NJ, 1957,H.21, S.675-680)

Neue Dokumente W.I.Lenins. 1.Interview mit dem Korrespondenten der amerikanischen Zeitung "The World" Lincoln Air. 2.Telegramm an M.Kemal. (Kommunist,1957,H.15, S.10-15)

Pieck,W.: Die Große Sozialistische Oktoberrevolution und die deutsche Arbeiterbewegung. (Einh.,1957, H.10, S.1217-1233)

Das 8.Plenum des Zentralkomitees der Polnischen Vereinigten Arbeiterpartei. (Nowe Drogi, 1956,H.10, S.1-271

Rost,R.: Die große Initiative. Ein bedeutendes Werk Lenins für unsere Staatspraxis. (Dem.Aufb.,1957, H.21, S.518-521)

Ulbricht,W.: Die Große Sozialistische Oktoberrevolution und der Kampf der deutschen Arbeiterbewegung für den Sozialismus.(Einh., 1957, H.11, S.1345-1356) 1

2.Rechtswissenschaft (Aufgaben und Methoden)

Baumgarten,A.: Rechtswissenschaft und Politik. (St R,1957, H.10, S.969-976)

Cieślak,M.: Über die personelle Verbindung zwischen der Rechtswissenschaft und der Praxis. (N.P.,1957, H.10, S.47-51)

Kröger,H.: Die Grundsätze für die künftige Arbeit der Deutschen Akademie für Staats- und Rechtswissenschaft "Walter Ulbricht". (St R, 1957,H.11, S.1147-1159)

Lakatoš, M.: Über die Zusammenarbeit von Wissenschaft und Gesetzgebung. (Pr.,1957, H.7, S.633-639; deutsch: RID,1957,H.21,S.638-647) 3

Pavlov,I.V.(Pawlow,I.W.): Über die Entwicklung, die die sowjetische Rechtswissenschaft im Verlauf von vierzig Jahren genommen hat. (Sov.gos.pravo, 1957, H.11,S.30-49)

1) Die nach der Fundstelle eines Artikels angegebenen Zahlen verweisen auf die Bedeutung dieses Artikels auch für andere Fachgebiete entsprechend der hier zugrundegelegten Systematik.

Strogovič,M. (Strogowitsch,M.): Über die Quellen der sowjetischen Rechtswissenschaft. (Soc.zak.,(SSSR) 1957, H.10,S.19-25) 3

3.Staats-und Rechtstheorie

Aleksandrov,N.G.(Alexandrow,N.G.): Die sozialistischen Prinzipien des Sowjetrechtes. (Sov.gos.pravo, 1957, H.11, S.16-29)

Braude,L.I.: Fragen der Gesetzgebungstechnik. (Sov.gos.pravo,1957, H.8, S.52-59; deutsch: RID, 1957, H.24, Sp.723-732)

Büttner,H.: Über die Rolle von Moral und Recht im ideologischen Kampf der Gegenwart. (St R,1957, H.10, S.1007-1023)

Bystřina,I.: Über die Besonderheiten der Entstehung und Entwicklung der Volksdemokratie in der Tschechoslowakei. (Vopr.fil.,1957, H.4, S.26-40)

Farberov,N.P.(Farberow,N.P.): Über die Einheit der sozialistischen Staaten und die Eigenart ihrer politischen Formen.(Sov.gos.pravo, 1957, H.6, S.40-51; deutsch: RID,1957, H.21, S,625-637)

Gašpar,M.: Die wirtschaftlich-organisatorische Tätigkeit des volksdemokratischen Staates und einige Rechtsprobleme. (Pr.študie,1957, H.3, S.488-501) 9

Grodzinskij,M.(Grodsinskij,M.): Über die Vervollkommnung der Gesetzgebungstechnik. (Soc.zak.,(SSSR) 1957, H.1, S.11-18) 7

Kerimov,D.A.(Kerimow,D.A.): Freiheit und Recht. (St R, 1957,H.10, S.977-1004)

Kerimov,D.A.(Kerimow,D.A.): Sozialismus und Gesetzlichkeit. Zum 40. Jahrestag der Großen Sozialistischen Oktoberrevolution. (Dem.u.R. 1957, H.5, S.187-198)

Krüger,M.: Der sozialdemokratische Amoklauf gegen Idee und Wirklichkeit der Arbeiter-undBauern-Macht. Bemerkungen zur revisionistischen Staatstheorie der rechten SPD-Führer. (Dem.Aufb.,1957,H.21, S.514-517)

Lenin,W.I.: Über die Diktatur des Proletariats. (St R,1957,H.11, S.1107-1114)

Lustacz, L.: Über die ausserverfassungsmäßigen Formen der rechtsschöpferischen Tätigkeit.(Mit russ.,engl.u.frz.Resumé)(P.i P.,1957, H.7/8, S.3-15)

Meynaud,J.: Die Ökonomik und die politischen Institutionen.(Mit russ., engl.u.frz.Resumé)(P.i P.,1957, H.7/8, S.16-38)

Mollnau,K.A.: Katholischer Konformismus in der westdeutschen Soziallehre. (St R, 1957, H.10, S.1075-1079)

Nikolaev,V.V.(Nikolajew,W.W.): Über die Hauptetappen der Entwicklung des sozialistischen Sowjetstaates. (Vopr.fil.,1957,H.4,S.10-25)

Nowacki,J.: Verschiedene Fragen zu den Regeln des gesellschaftlichen Zusammenlebens. (P.i P.,1957, H.7/8, S.99-113)

Pigolkin,A.S.: Die Anwendung der Normen des Sowjetrechts und die sozialistische Gesetzlichkeit. (Sov.gos.pravo,1957,H.10,S.111-115)

Provazník, V.: Die Regeln des sozialistischen Zusammenlebens und die Grundsätze der Anständigkeit im Verhältnis zum allgemeinen Interesse. (Soc.zák.,1957,H.7, S.422-432)

Scheler,H.: Politische Freiheit und sozialistische Demokratie. (Einh.,1957, H.11, S.1368-1389)

Schubardt,W.: Revolution und Philisophie.(Dt.Zs.Philos.,1957,H.5, S.535-573) 1

Die sozialistische Gesetzlichkeit und die revolutionäre Wachsamkeit. (Soc.Zak.,(SSSR)1957,H.2, S.7-12)

Studnicki,F.: Über die Rechtsdogmatik. (P.i P.,1957,H.7/8,S.114-125)

Suchodrov,W.N.: Die Systematisierung der Gesetzgebung der UdSSR und der Unionsrepubliken ist eine Sache von staatlicher Bedeutung. (Sov.gos.pravo,1928,H.6, S.54; deutsch: RID,1957, H.24, Sp.732-741) 2

Szabo,I.: Über die Besonderheiten der Entwicklung des Rechts in der Ungarischen Volksrepublik. (Sov.gos.pravo, 1957,H.8, S.42-51; deutsch: RID,1957,H.24, Sp.741-752)

Tumanov,V.A.(Tumanow,W.A.): Zu einigen Merkmalen des modernen bürgerlichen Normativismus. (Sov.gos.pravo, 1957,H.10, S.70-81)

Verner, P.: Die Ergebnisse der Bundestagswahlen in Westdeutschland und die Aufgaben der deutschen Arbeiterklasse. (Einh.,1957,H.10, S.1234-1246) 7

Weichelt,W.: Lenin über die Sowjets als staatliche Form der Diktatur des Proletariats. (St R, 1957, H.11,S.1089-1106)

Zakrzewski, W.: Einige Bemerkungen zur Frage der Gesetzlichkeit. Marginalien zum Artikel von Prof.Dr.Z.Izdebski. (P.i P.,1957,H.7/8, S.211-219)

4.Geschichte der Staats-und Rechtstheorie

Alekseev,N.S.(Alexejew,N.S.): Die Anschauungen Pestels über Staat und Recht. (St R,1957, H.10, S.1063-1074)

Schröder,H.: Hobbes und der sterbliche Gott. (St R,1957,H.11,S.1115-1133)

Ter-Akopjan,N.: Der Marxismus und die Lehren der revolutionären Bewegung der Jahre 1848-1849) (Kommunist, 1957,H.14, S.43-51) 1,5

5.Staats-und Rechtsgeschichte

Büchner-Uhder, W.: Steins Kampf gegen die preußische Bürokratie während seiner Tätigkeit als preußischer Minister.(St R,1957, H.10, S.1054-1062)

Cazangiu,A.: Die Geschichte des Beweises durch Zeugen. (Mit russ.u. frz.Résumé) (J.N.,1957,H.6, S.1040-1050)

Čistjakov,O.I.(Tschištjakow,O.I.): Die Bildung der Russischen Föderation (1917-1918).(Sov.gos.pravo, 1957,H.10, S.3-12)

Gorman,A.Ja.: Lenin als Vorsitzender des Rates der Arbeiter- und Bauernverteidigung.(Sov.gos.pravo,1957,H.7, S.3-11; deutsch: Sov. Wiss.(GB) 1957,H.11,S.1403-1412)

Heuer,U.J.: Preußische Edikte des 18.Jahrhunderts. Zugleich zu Fragen des Rechtsbildungsprozesses. (St R,1957,H.11,S.1185-1191) 3

Kamnitzer,H.: Bemerkungen zur Nationalversammlung und Verfassung der Weimarer Republik. (Wiss.Ann.,1957,H.11, S.763-773)

Kan Šen(Kan Schen): Die Chinesische Revolution als die Fortsetzung der Großen Oktoberrevolution.(Kommunist,1957,H.15, S.51-56)

Klima,O.: Die erste große Sozialbewegung in Persien, ihre Geschichte und ihre Auswirkungen. (Altertum,1957,Bd 3,H.3,S.173-183) 4

Konokotin, A.V.: Der Kampf der Bauern für die Selbstverwaltung und die Kommune in Nordfrankreich im 12.-14.Jahrhundert. (Vopr.ist.,1957, H.9, S.123-139)

Leibbrand,R.: Zur Diskussion über den Charakter der Novemberrevolution. (Vopr.ist.,1957, H.9, S.91-96)

Mai,M.: Der Kampf der Sowjetunion gegen die imperialistische Intervention. (Nj,1957,H.21, S.677-680)

Obermann,K.: Über den Anteil des Freiherrn vom Stein an der Vorbereitung der Erhebung von 1813. (Wiss.Ann.,1957, H.10, S.704-713)

Schreiner,A.: Zu einigen Fragen der Novemberrevolution von 1918-1919 in Deutschland. (Vopr.ist.,1957, H.9, S.97-106)

Schumann,K.: Rückblick auf das Nationalkomitee Freies Deutschland. (Nat.,1957, H.10, S.698-701)

Vierzig Jahre Sowjetstaat.(Sov.gos.pravo, 1957,H.11, S.3-15)

6.Völkerrecht und Außenpolitik

Čepelka,C.: Diskussion zum Artikel von P.Guggenheim, Die Vereinigten Nationen im mittelöstlichen Konflikt, Neue Zürcher Zeitung vom 10. und 11.12.1956. (Čas.pro mez.pr.,1957,H.3, S.247-254)

Čeprakov,V.(Tscheprakow,W.): Die Festigung des Friedens und die Entwicklung der internationalen Zusammenarbeit.(Betr.24.Sitzung des Wirtschafts-u.Sozialrates der UNO. (Kommunist,1957,H.14,S.85-92)

Cristescu,A.;E.Feraru;G.Lavrov: Die völkerrechtliche Bedeutung des Leninschen Dekretes über den Frieden.(Mit russ.u.frz.Résumé) J.N.,1957,H.6, S.984-1003)

Der deutsche Militarismus bedroht den Frieden und die Sicherheit der Völker.Protokoll einer internationalen Beratung in Prag im Juli 1957. (Dt.Auss.pol.,1957, Sonderh.1,S.1-148)

Gerasimov,G.I.: Der Europarat - ein Rat zur Spaltung Europas. (Sov.gos.pravo, 1957, H.10, S.62-69)

Ghelmegeanu,M.: Einige rechtliche Fragen des Verfahrens in der Tätigkeit der UNO. (J.N.,1957,H.5, S.792-808)

Härle,E.: Die kernphysikalische Forschungsgemeinschaft der Sozialistischen Staaten.(Mit Text des Abkommens über die Errichtung eines Vereinigten Instituts für Kernforschung. (Wiss.Ann.,1957,H.11,S.753-762)

Hanák,F.: Kriegerische und politische Ereignisse im Seeverkehr. (Čas.pro mez.pr.,1957,H.3, S.224-231)

Jeromin,A.: Die internationalen Beziehungen auf dem Gebiete der friedlichen Anwendung der Atomenergie. (Dt.Auss.pol.,1957, H.11,S.960-967)

Klafkowski,A.: Die territoriale Zession und der Friedensvertrag auf der Grundlage der Oder-Neiße-Grenze. (Przegl.zach.,1957,H.1, S.1-51)

Koževnikov,F.I.(Koshewnikow,F.I.): Die Große Sozialistische Oktoberrevolution und die völkerrechtliche Bedeutung der ersten außenpolitischen Akte des Sowjetstaates. (Sov.gos.pravo, 1957,H.11,S.50-60) 5

Kröger,H.: "Europa-Politik" gegen Sozialismus, internationale Verständigung und Entspannung. (St R,1957,H.10, S.1042-1053)

Lindner,G.: Zur Lufthoheit der DDR. (Dt.Auss.pol.,1957,H.10, S.830-833) 7

Mrázek,I.: Das Genfer Abkommen von 1949 zum Schutze der Kriegsopfer und ihres strafrechtlichen Schutzes. (Čas.pro mez.pr.,1957, H.3, S.202-215) 11

Raginskij,M.Ju.: Die Beweise im Nürnberger Prozeß. (Učenye zapiski, 1957, H.2, (6), S.176-227) 11

Rosenfeld,G.: Die deutsch-sowjetischen Beziehungen bis 1925. (Dt.Auss.pol.,1957, H.11, S.995-1006) 5

Šarmazanašvili,G.V.(Scharmazanaschwili,G.W.): Der Kolonialkrieg - eine grobe Verletzung des Völkerrechts. (Sov.gos.pravo, 1957,H.10, S.55-61)

Die Struktur der Organisation der Vereinten Nationen. T.2.(ddz,1957, H.151, Sp.56-72)

Die UNO-Abrüstungsverhandlungen in London. Chronik und Dokumente. T.4. (ddz,1957, H.151, Sp.1-40)

Zachmann,S.: Die Aufgaben der 12.Tagung der UN-Vollversammlung. (Dt.Auss.pol.,1957, H.10, S.845-850)

Zylicz, M.: Freiheiten des Flugwesens und die besonderen Privilegien in den von Polen nach der Wiederbefreiung abgeschlossenen zweiseitigen internationalen Verträgen. (P.i P.,1957,H.7/8, S.179-194)

7.Staatsrecht

Bratny,R.: Die Demobilisations-Charta der Landesarmee. (Nowe Drogi, 1956, H.4, S.41-53)

Gajdukov,D.A.: Die Entwicklung der Sowjetverfassung.(Sov.gos.pravo, 1957,H.11, S.61-73)

Gudošnikov,L.M.(Gudoschnikow,L.M.): Die Entwicklung des Systems der örtlichen Organe der Staatsmacht und der Staatlichen Verwaltung der Volksrepublik China. (Sov.gos.pravo, 1957,H.10, S.13-25) 9

Kühlig, G.: Das Wehrorganisationsgesetz - ein weiteres Rahmengesetz für die forcierte Remilitarisierung Westdeutschlands. (Militärwesen,1957,H.5, S.109-114) 9

W.I.Lenin über den Aufbau und die Festigung der sowjetischen Streitkräfte.(Bibliographie) (Militärwesen, 1957,H.6, Beil.1,S.1-39)

Litynski,M.;A.Murzynowski: Verschiedene persönliche Rechte der Bürger im Sinne des Art.74 der Verfassung der Volksrepublik Polen sowie wichtiger besonderer Gesetze. (N.P.,1957, H.10,S.52-67)

Martin,A.: Es gibt zwei deutsche Staaten. (Dt.Auss.pol.,1957,H.10, S.834-844) 6

Poppe,E.: Der Abgeordnete im sozialistischen Staat. (Dem.Aufb.,1957, H.21, S.524-526)

Pospieszalski,K.M.: Die Haupttendenzen des gegenwärtigen Wahlrechts in der Deutschen Bundesrepublik. (Przegl.zach.,1957, H.4, S.280-291)

Die Sowjets - die Organe der echten Volksherrschaft.(Soc.zák.,(SSSR) 1957,H.2, S.1-6)

8.Gerichtsverfassung (einschließlich Staatsanwaltschaft, Justizverwaltung, Notariat u.Anwaltschaft)

Benjamin, H.: Leninsche Prinzipien des Gerichts. (NJ,1957, H.21, S. 673-674)

Bydžovský,L.: Die Wahlen der Richter und der Volksrichter.(Soc.zák., 1957,H.7, S.401-405)

Delmer,S.: Westdeutschlands Nazirichter. (Dem.u.R. 1957,H.5, S.198-200)

Einhorn,H.;E.Brunner: Die ersten Erfahrungen bei der Vorbereitung der Schöffenwahlen. (NJ,1957, H.21, S.690-692)

Feiler, G.: Besuch bei der Staatsanwaltschaft der Tschechoslowakischen Republik. (NJ, 1957,H.24, S.799-800)

Fincke, H.: "Gerichtsaufsicht" durch die Staatsanwaltschaft? (NJ,1957,H.24, S.803-804)

Gaebler,W.;G.Dillhöfer: Rechenschaftslegung und Kandidatenwahl - die gegenwärtigen Hauptaufgaben.(Betr.Schöffen)(NJ,1957,H.24, S.806-808)

Zur Frage der Reform der Gerichtsverwaltung in der UdSSR. (Sov.gos. pravo.,1957, H.10, S.125-130)

Görner,K.: R.Herrmann, Die Schöffen in den Strafgerichten des kapitalistischen Deutschland. Berlin 1956. 248 S.(Rez.)(St R,1957,H.11, S.1192-1200)

Haid,B.: Einige aktuelle Probleme der staatsanwaltschaftlichen Arbeit. (NJ,1957,H.24, S.794-798) 9,11,13

Herrmann,R.: Die Schöffen der DDR. (Soc.zák.,1957,H.8, S.480-487)

Ivanov,V.(Iwanow,W.): Aus der Geschichte der staatlichen Anklage in der UdSSR. (Soc.zak.,(SSSR) 1957,H.10, S.34-40)

Kern,H.: Für eine engere Verbindung der Justiz mit den Werktätigen. (NJ,1957, H.22,S.726-731)

Konic,J.S.: Allgemeine Betrachtungen über die Stellung der Staatsanwaltschaft im System der Staatsorgane. (N.P.,1957,H.11, S.25-37) 7

Kudrjavcev,P.(Kudrjawzew,P.): Der Vertrag zwischen der Union der Sozialistischen Sowjetrepubliken und der Tschechoslowakischen Republik über die Rechtshilfe in Zivil-, Ehe- und Strafsachen. (Soc.zak., (SSSR) 1957,H.10, S.73-76)

W.I.Lenin über Gericht und Staatsanwaltschaft. (Soc.zak.,(SSSR)1957, H.4, S.1-5)

Petuchov,V.(Petuchow,W.): Die Arbeit der für mehrere Rayons zuständigen Staatsanwaltschaften. (Soc.zak.,(SSSR) 1957,H.6, S.31-33)

Ranke,H.: Die Schöffenwahlen 1958 - ein wichtiger Beitrag zur weiteren Festigung der Arbeiter-und-Bauern-Macht. (NJ, 1957,H.21,S.687-690)

Wir wählen die Richter und Volksrichter der Volks- und Bezirksgerichte. (Soc.zák.,1957, H.8, S.465-480)

Rolenc,V.: Zum Gesetz über die Richter- und Volksrichterwahlen. (Soudce z lidu,1957,H.7-8, S.97-100)

Rybicki, M.: Unsere Aufgaben. Auszüge aus dem Referat, das am 27. Sept.1957 in Warschau auf der im Landesmaßstab durchgeführten Tagung der Richter gehalten wurde.(N.P.,1957,H.11, S.7-20)

Straube,A.: In den Wählervertreterkonferenzen über die Schöffenwahlen sprechen! (NJ,1957,H.23, S.774)

Suchomlinov,T.: Die Zuständigkeit für Streitigkeiten, die das Eigentumsrecht an einem Haus betreffen, das in den kommunalen Fonds übergegangen ist. (Soc.zak.,(SSSR) 1957,H.3, S.33-37) 18

Vaněček, S.: Der Aufbau des demokratischen Gerichtswesens in der DDR. (Soc.zák.,1957,H.7, S.433-440)

Vetrov,I.(Wetrow,I.): Das sowjetische Gericht - ein wirkliches Volksgericht. (Soc.zák.,(SSSR) 1957, H.10, S.13-18)

Weise,W.;G.Knecht;E.Preußner: Die Rechenschaftslegungen sorgfältig vorbereiten! (NJ,1957,H.23,S.774-775)

9. Verwaltungsrecht und Allgemeine Aufsicht des Staatsanwalts

Agureev,M.;A.Jafarkin(Agurejew,M.): Über die Verwaltungsgeldstrafen. (Soc.zak.,(SSSR) 1957,H.8, S.9-10)

Einige Fragen der Aufsicht der Staatsanwaltschaft in Auswertung der Beschlüsse der sechsten Tagung des Obersten Sowjets der UdSSR. (Soc.zak.,(SSSR) 1957, H.3, S.1-6)

Büchner-Uhder,W.;E.Pätzold: Rechtsfragen der disziplinarischen Verantwortlichkeit der Mitarbeiter der staatlichen Verwaltungsorgane. (St R,1957, H.11,S.1160-1178)

Eichhorn,M.: Die Bedeutung der staatlichen Kontrolle.(Dem.Aufb.,1957, H.21, S.531-532)

Freund,E.: Stellung und Arbeitsweise der Wirtschaftskommissionen. (Dem.Aufb.,1957, H.20, S.490-492)

Geschwandtner,H.: Vorschläge zur Änderung und Ergänzung der Disziplinarordnung. (Dem.Aufb.,1957, H.23, S.575-578)

Hornburg,H.: Bessere staatliche Tätigkeit mit Hilfe der Wirtschaftskommissionen. (Dem.Aufb.,1957, H.19, S.475-477)

Hromada,J.: Einige Betrachtungen über die doppelte Unterordnung der Exekutivorgane der Nationalausschüsse. (Pr.obz.,1957, H.7,S.401-410)

Hromada, J.: Die Sowjetwissenschaft und das tschechoslowakische Verwaltungsrecht. (Pr.obz.,1957, H.8, S.472-477)

Laptev,V.V.(Laptew,W.W.): Die Entwicklung des Verwaltungssystems der volkseigenen Betriebe in der Deutschen Demokratischen Republik. (Učenye zapiski,1957, H.2(6), S.89-129)

Leichtfuß,H.: Lenins Kampf gegen Bürokratismus - für einen sozialistischen Arbeitsstil. (Dem.Aufb.,1957, H.21, S.521-524)

Leonski,Z.: Die Aufsicht des Staatsanwalts im Hinblick auf die Entwürfe für die Wiedereinführung der Verwaltungsgerichtsbarkeit. (P.i P.,1957,H.7/8, S.86-98)

Menzel,W.: Schulrecht und Schulverwaltung in der Deutschen Demokratischen Republik, Allgemeinbildende Schulen. Berlin 1956. 512 S. (Rez.)(St R, 1957, H.11, S.1201-1206)

Modlinski,E.: Über die Verwaltungsgerichtsbarkeit vom Standpunkt der Sozialversicherungsgerichte. (P.i P.,1957, H.7/8, S.126-142)

Müller,H.: Die Aufgaben der Ersten Stellvertreter der Vorsitzenden der örtlichen Räte. (Dem.Aufb.,1957, H.19, S.478-479)

Perschke,H.;R.Sonntag: Verordnung über die Aufgaben, die Arbeitsweise und die rechtliche Stellung der Haus-und Straßenvertrauensleute. (Entwurf mit Erläuterungen) (Dem.Aufb.,1957, H.22,S.549-552)

Petrov,G.I.(Petrow,G.I.): Die Stellung des Verwaltungsrechts im sowjetischen Rechtssystem.(Sov.gos.pravo,1957,H.1,S.91-101; deutsch: RID,1957,H.21,S.647-658)

Wir diskutieren über das neue Polizeigesetz, T.7 u.8.(Vpol.,1957, H.19, S.20; H.20, S.23)

Rothe,W.: Zur Arbeit der Jugendhilfebeiräte. (Jug.Heimerz.,1957, H.10, S.433-440)

Schmidt,M.: Die Ausschaltung der Kommunalvertretungen in der Bundesrepublik. (Forts.aus H.15)(Dem.Aufb.,1957, H.20, S.504-506) 7

Solov'ev,V.I.;G.N.Poljanskaja(Solowjew,W.I.): Über die Kodifizierung der sowjetischen Forstgesetzgebung. (Sov.gos.pravo,1957, H.10,S.82-91)

Šor,L.(Schor,L.): Der juristische Dienst in der sowjetischen Volkswirtschaft und im Betrieb. (Soc.zak.,(SSSR) 1957,H.10, S.77-80)

Spitzner,O.: Die Vereinfachung unseres Staatsapparates. Ein Beitrag zu den Thesen des 32.Plenums des ZK der SED.(St R, 1957,H.10, S.1024-1041)

Stajnov,P.: Wir werden uns mit den Fragen der Verwaltungsstrafe befassen. (Soc.pravo, 1957,H.7, S.1-16)

Stoev,S.(Stojew,S.): Über die Kontrolle der Durchführung der Gesetze als Methode der Tätigkeit der Staatsanwaltschaft auf dem Gebiet der allgemeinen Aufsicht. (Soc.pravo, 1957, H.7, S.17-24)

Šugaev, A.S.(Schugajew,A.S.): Rechtliche Fragen der Vervollkommnung der Leitung der Volkswirtschaft der UdSSR. (Mit russ.u.frz.Résumé) (J.N.,1957, H.6, S.1004-1011)

Die weitere Vervollkommnung der Organisation der Leitung der Industrie und des Bauwesens und einige Fragen der Gesetzlichkeit. (Soc.zak.,(SSSR)1957,H.6,S.1-5) 3

10.Finanzrecht

Baláž, A.: Die Dezentralisierung und Vereinfachung der Verwaltung auf dem Gebiete der Finanzen. (Pr.obz.,1957, H.7, S.410-423) 9

Dewey,C.: Die örtlichen Organe unserer Staatsmacht und ihre Aufgaben auf dem Gebiet Investitionen. (Dem.Aufb.,1957, H.19, S.472-475) 9

Keller,H.;H.Egerland: Einige Probleme der Beziehungen zwischen Haushalt- und Kreditsystem. (DFW, 1957,H.23, S.361-365)

Pauligk,K.: Neue Methoden bei der Ausarbeitung der Haushaltspläne der örtlichen Organe für 1958. (Dem.Aufb.,1957, H.19,S.468-471) 9

Pauligk,K.: Über die brüderliche Hilfe der Sowjetunion beim Aufbau des sozialistischen Finanz-System in der DDR. (DFW,1957,H.22, Ausg.Staatsh. S.657-660)

11.Strafrecht, Strafprozeß

Angelov,M.I.: Die Überschreitung der Grenzen der Notwehr.(Soc.pravo, 1957, H.5, S.18-22)

Baranov,P.: Die Aussagen des Angeklagten im sowjetischen Strafprozeß. (Soc.zak.,(SSSR) 1957, H.2, S.13-20)

Benjamin, H.: Sozialistisches Strafrecht. Aus der Begründung des Gesetzes zur Ergänzung des StGB vor der Volkskammer der DDR am 11.Dez. 1957. (NJ,1957,H.24, S.785-790)

Blumová,D.: Einige Bemerkungen zur Frage der Jugendkriminalität. (Soudce z lidu, 1957, H.7-8, S.109-113)

Boldyrev,V.: Der persönliche Schutz der Sowjetbürger ist strikt zu wahren. (Soc.zak.,(SSSR) 1957, H.1, S.1-10) 7

Buchala,K.: Fragen der Spekulation im Sinne des Gesetzes vom 13. Juli 1957. (N.P.,1957, H.10, S.3-21)

Čchikvadze,V.M.(Tschikwadse,W.M.): Die Bedeutung der Auffassungen Lenins vom Verbrechen und von der Strafe für das sowjetische Strafrecht. (Sov.gos.pravo,1957,H.11, S.130-145)

Chejfec,S.(Chejfez,S.): Der Kampf gegen die Jugendkriminalität. (Soc.zak.,(SSSR) 1957, H.3, S.38-41)

Chubanov, S.: Der Notstand. (Soc.pravo, 1957,H.7, S.25-29)

Chubanov,S.: Das Geständnis im Strafprozeß. (Soc.pravo, 1957, H.4, S.12-18)

Cieslinski,W.: Verschiedene Probleme de lege ferenda im Strafprozeßrecht. (N.P.,1957, H.10, S.73-75)

Dobrovolskij, G.(Dobrowolskij,G.): Die gerichtliche Feststellung juristischer Tatsachen. (Soc.zak.,(SSSR) 1957,H.2, S.37-40) 18

Dovzik,S.(Dowsik,S.): Die Untersuchung der Ursachen des Verbrechens in der Anklagerede. (Soc.zak.,(SSSR) 1957,H.4, S.44-47)

Flegl,V.: Die neue Regelung der Strafbarkeit von Abtreibungen. (Soc.zák.,1957,H.8, S.499-511)

Fräbel,A.: Ist die Bestrafung eines Jugendlichen mit Freiheitsentziehung rückfallbegründend? (NJ, 1957, H.22, S.736)

Fräbel,A.: Die strafrechtliche Verantwortlichkeit für Verstöße gegen Arbeitsschutzanordnungen. (NJ,1957, H.23, S.761-765) 19

Gal'perin,I.M.(Galperin,I.M.): Über die strafrechtliche Verfolgung, die der Geschädigte im sowjetischen Strafprozeß einleitet. (Sov.gos.pravo, 1957, H.10, S.45-54)

Gol'diner,V.(Goldiner,W.): Die Verteidigungsrede des Rechtsanwalts im sowjetischen Strafprozeß. (Soc.zak.,(SSSR) 1957, H.3, S.42-47)

Gol'st,G.: Die Aufsicht der Staatsanwaltschaft über die Untersuchung von Verbrechen. (Soc.zak.,(SSSR) 1957,H.3, S.14-19) 8

Gucenko,K.(Guzenko,K.): Die öffentliche Anklage im sowjetischen Strafprozeß. (Soc.zak.,(SSSR) 1957,H.2, S.66-68(

Gutschmidt,G.;J.Göhring: Einige Fragen des zivilrechtlichen Anschlußverfahrens. (NJ, 1957, H.22, S.736-739) 13

Hatala, V.: Der Versuch und der Tatbestand des Verbrechens.(Pr. stúdie,1957,H.3, S.502-522)

Horoszowski,P.: Die allgemeinen Grundsätze der Augenscheinseinnahme am Tatort im Ermittlungsverfahren. (N.P.,1957,H.11, S.59-73)

Jakovlev,M.V.(Jakowlew,M.W.): Über die Verbrechensverhütung. (Soc.gos.pravo, 1957,H.3, S.45-52; deutsch: RID,1957,H.23, S.714-722)

Kafarski,A.;M.Cieślak: Weiteres zur Frage der reformatio in peius. (N.P.,1957, H.10, S.78-93)

Karev,D.: Zu den Entwürfen der Grundlagen des Strafprozesses und der Gerichtsverfassung der UdSSR und der Unionsrepubliken.(Soc.zak., (SSSR) 1957, H.5, S.14-18) 8

Kern,K.: Lockerung des Verbotes der Schwangerschaftsunterbrechung. (A.u.S.,1957,H.20, S.638-639)

Kononov,A.: Der Schutz des sozialistischen Eigentums in den ersten Jahren der Sowjetmacht. (Soc.zak.,(SSSR) 1957, H.10, S.48-49)

Kozlov,V.(Koslow,W.): Die exakte Vollstreckung der Gerichtsurteile ist eine wichtige Aufgabe der sowjetischen Rechtsprechung. (Soc.zak.,(SSSR) 1957,H.5, S.39-43) 18

Krause, W.: Weitere Gedanken zum beschleunigten Verfahren. (NJ,1957, H.23, S.768-769)

Krutzsch,W.: Die Bedeutung des Strafrechtsergänzungsgesetzes. Bericht über eine Tagung der Abt.Strafrecht des DIR. (NJ,1957,H.24,S.790-794)

Kudrjavcev,V.N.(Kudrjawzew,W.N.): Die Begehungsweise des Verbrechens und ihre strafrechtliche Bedeutung. (Sov.gos.pravo,1957,H.8,S.60-69; deutsch: RID,1957,H.23, S.704-713)

Kühlig,G.: Das Verfahren gegen Dr.Viktor Agartz - ein Ausdruck der Verschärfung der politischen Strafjustiz. (NJ,1957,H.22,S.731-734)

Kuznecov,A.V.(Kusnezow,A.W.): Der Begriff der Urkundenfälschung. (Sov.gos.pravo, 1957, H.10, S.116-119)

Leonieni,M.: Über die bedingte Strafaussetzung im Entwurf des Strafgesetzbuches der Volksrepublik Polen (Art.66-69)(P.i P.,1957,H.3, S.548-563; deutsch: RID, 1957,H.23, S.689-703)

Ljubavin,A.;Remenson,A.(Ljubawin,A.A.Remenson): Vorfristige Entlassung aus Haftanstalten durch Anrechnung der Arbeitstage. (Soc.zak.,(SSSR) 1957, H.6, S.14-19)

Luther,H.: Nochmals: Änderung von Erziehungsmaßnahmen gemäß § 16 JGG. (NJ,1957, H.23, S.766-768)

Mančev,N.A.(Mantschew,N.A.): Zu einigen Fragen des strafrechtlichen Schutzes des gesellschaftlichen Eigentums.(Soc.pravo,1957,H.4,S.1-11)

Mańkovskij,B.S.: Die reaktionäre neukantianische Theorie des finalen Strafrechts. (Pr.obz.,1957, H.8, S.477-487)

Markov,I.: Zur Frage der Gesellschaftsgefährlichkeit der verbrecherischen Handlung. (Soc.pravo,1957, H.5, S.10-17)

Murzynowski,A.: Die Anrechnung der Untersuchungshaft auf die Strafe im Strafprozeß der Volksrepublik Polen.(Mit russ.,engl.u.frz.Resumé) (P.i P.,1957,H.7/8, S.70-85)

Nikiforov,A.S.: Die Abgrenzung der Spekulation, der Ausübung eines verbotenen Gewerbes und des Verstoßes gegen die Handelsvorschriften. (Učenye zapiski, 1957,H.2(6), S.28-58)

Osmenda,K.: Zur strafrechtlichen Beurteilung von Verkehrsunfällen. (NJ, 1957,H.22, S.724-726)

Pakutin,V.: Die Verantwortlichkeit für die Verletzung der Sicherheitsvorschriften bei der Arbeit in Kohlenschächten.(Soc.zak.,(SSSR) 1957, H.4, S.41-43)

Pančenko,S.(Pantschenko,S.): Das Verhältnis zwischen Untersuchung und Ermittlung. (Soc.zak.,(SSSR) 1957, H.5, S.27-30)

Panzer,R.: Zur Frage der Verantwortlichkeit der Nazi-Blutrichter. (Dem.u.R. 1957, H.5, S.200-214)

Perlov,I.: Zur Ausarbeitung der Grundlagen des Strafverfahrens der UdSSR und der Unionsrepubliken.(Soc.zak.,(SSSR) 1957, H.5, S.6-13)

Polockij,E.;E.Šejno(Polozkij,E.;E:Schejno): Die Ordnung der Untersuchung der Verbrechen Minderjähriger und der Verhandlung von Sachen gegen sie. (Soc.zak.,(SSSR) 1957, H.9, S.20-24)

Potepa,J.: Über die strafrechtliche Verantwortlichkeit des Arztes (in Verbindung mit dem Artikel von J.Sawicki) (N.P.,1957, H.11, S.74-84)

Poździej,W.: Die Frage der Fehlbestände an Waren und der Veruntreuung von Bargeld in den vergesellschafteten Betrieben und Institutionen. (N.P.,1957,H.11, S.85-96) 19

Rachunov,R.: Aktuelle Aufgaben der sowjetischen Strafprozeßwissenschaft. (Soc.zak.,(SSSR) 1957, H.2, S.30-36)

Raginskij,M.: Das sowjetische Untersuchungsverfahren.(Soc.zak.,(SSSR) 1957, H.10, S.26-33)

Rehse,H.: Nochmals: Die Prüfung der strafrechtlichen Verantwortlichkeit Jugendlicher nach § 4 JGG. (NJ,1957,H.22, S.719-724)

Rypinski,A.: Über Wirtschaftsverbrechen im Großmaßstab-am Beispiel der Abteilung I des instanzenmäßigen Wojewodschaftsgerichts in Wroclaw. (N.P.,1957, H.11,S.97-104)

Sapožnikov,I.(Saposhnikow,I.): Die Abgrenzung des Betrugs der Käufer von der Unterschlagung des sozialistischen Eigentums. (Soc.zak., (SSSR) 1957, H.1, S.19-23)

Schlüter,H.J.: Über die Differenzierung in der Anwendung des Steuerstrafrechts. (DFW,1957,H.22,Ausg.Staatsh. S.671-675) 10

Šifman,M.(Schifman,M.): Der Zusammenbruch der bürgerlich-demokratischen Strafprozeßprinzipien und -einrichtungen in den USA. (Soc.zak.,(SSSR) 1957, H.2, S.53-60)

Smirnov,L.: Zu den Grundlagen der Strafgesetzgebung der UdSSR. (Soc.zak.,(SSSR) 1957, H.6, S.6-13)

Strogovič,M.(Strogowitsch,M.): Über das Ermittlungs- und Untersuchungsverfahren und den "einheitlichen Untersuchungsapparat".(Soc.zak., (SSSR) 1957, H.5, S.19-26)

Šul'mejster,Ju.(Schulmejster,Ju.): Die Verbrechenskonkurrenz und die Unabdingbarkeit der Strafe. (Soc.zak.,(SSSR) 1957, H.6, S.40-43)

Sykov,I.;I.Averkiev;M.Ivanov(Sikow,I.I.Awerkiew;M.Iwanow): Über die Untersuchung und die Voruntersuchung.(Soc.zak.,(SSSR) 1957,H.9, S.10-14)

Tadevosjan,V.(Tadewosjan,W.): Der Kampf für die Beseitigung von Rechtsverletzungen der Jugendlichen in der UdSSR.(Soc.zak.,(SSSR) 1957, H.10, S.41-47)

Tadevosjan,V.(Tadewosjan,W.): Die Kinderkriminalität in den kapitalistischen Staaten. (Soc.zak.,(SSSR) 1957,H.1, S.60-66)

Tibitanzl,K.: Die Regelung des Kapitel X StGB. (Betr.Militärverbrechen) (Soc.zák.,1957, H.8, S.511-516)

Törber; Müller: Kann die Schutzaufsicht auch noch nach Eintritt der Volljährigkeit angeordnet werden? (Jug.Heimerz.,1957, H.11, S.499-502)

Trajnin,A.: Einige Fragen zur Lehre von der Mittäterschaft. (Soc.zak.,(SSSR) 1957, H.2, S.21-29)

Über die Untersuchung und die Voruntersuchung. (Soc.zak.,(SSSR) 1957, H.8, S.1-5)

Vasilev,N.(Wassiljew,N.): Die Amtsperson im Sinne des Strafgesetzbuches. (Soc.pravo, 1957, H.3, S.1-11)

Vydra,V.: Die verminderte Zurechnungsfähigkeit und die starke Erregung (§ 21 Buchst.a,b StGB) Pr.obz.,1957,H.8, S.488-489)

Weber,H.: Zur Zuständigkeit der Verkehrsgerichte in Strafsachen. (NJ, 1957,H.24, S.800-802) 8,13

Wieczorek,T.: Die Partei im Kampf gegen die Kriminalität in der Wirtschaft. (Nowe Drogi, 1957, H.10/11, S.106-116)

Zabrodzka,H.: Die Kriminalität der weiblichen Jugend in den Jahren 1954 - 1955 auf Grund der Akten des Jugendgerichtes Warschau T.2. (N.P.,1957,H.10, S.68-72)

Zagorodnikov,N.(Sagorodnikow,N.): Die Verantwortlichkeit für vorsätzliche Tötung, die unter erschwerten Umständen begangen worden ist. (Soc.zak.,(SSSR) 1957, H.9, S.15-19)

12.Kriminalistik,Gerichtliche Medizin, Gerichtspsychiatrie,-psychologie

Breyvogel,W.: Die Bedeutung der Blutgruppen für die Feststellung der Vaterschaft. (Dem.u.R. 1957, H.5, S.220-225) 17,18

Kalasnik,J.: Die Anordnung einer gerichtspsychiatrischen Begutachtung. (Soc.zak.,(SSSR) 1957, H.4, S.31-35)

Karnovič,G.(Karnowitsch,G.): Einige Fragen der Expertise der Beweisstücke. (Soc.zak.,(SSSR) 1957, H.8, S.25-30)

Paliašvili,A.(Paliaschwili,A.): Die Taktik der Anordnung einer nochmaligen kriminalistischen Expertise durch die Gerichts-und Untersuchungsorgane. (Soc.zak.,(SSSR) 1957, H.9, S.34-38)

Sljachov,A.(Schljachow,A.): Die Anordnung und Durchführung von kriminalistischen Expertisen. (Soc.zak.,(SSSR) 1957, H.3, S.48-52)

13.Zivilrecht

Baryšev,A.(Baryschew,A.): Die Annahme der Erbschaft und ihre juristischen Folgen. (Soc.zak.,(SSSR) 1957, H.1, S.34-38)

Bratus', S.N.: Über einige Züge der Geschichte des sowjetischen Zivilrechts. (Sov.gos.pravo,1957, H.11, S.86-103)

Flejšic,E.A.(Flejschiz,E.A.): Die Grundzüge der neuesten Zivilgesetzgebung Frankreichs. (Učenye zapiski, 1957, H.2(6), S.129-175)

Gárlicki,S.: Der Kausalzusammenhang beim Personenschaden.(N.P.,1957, H.10, S.22-40; H.11,S.25-37)

Janovskij,Ja.: Die Gerichtspraxis in Verfahren über den Ersatz des Schadens, der der Gesundheit zugefügt worden ist. (Soc.zak.,(SSSR) 1957, H.9, S.25-30)

Kanda,A.: Die Vorbereitung einer Reform des Code civil.(Pr.,1957,H.8, S.743-745)

Kovavec,D.: Die Ersatznutzung - eine neue Institution unseres sozialistischen Rechts. (Pr.štúdie, 1957, H.3, S.459-472)

Luby,Š.:Der Einfluss des Sowjetrechts und der sowjetischen Lehre auf das tschechoslowakische Zivilrecht. (Pr.obz.,1957, H.8, S.452-459)

Luby,Š.: Die bedeutendsten theoretischen Fragen des tschechoslowakischen Zivilrechts. (Pr.štúdie,1957, H.3, S.374-431)

Luby,Š.: Die zivilrechtliche Verantwortlichkeit und die Reverse im Gesundheitswesen. (Pr.obz.,1957, H.7,S.385-400)

Manuilov, V.A.: Neue Änderungen in der Regelung des Stockwerkeigentums. (Soc.pravo, 1957,H.4, S.25-36)

Michajlov,L.: Über die notwendigen Reparaturen an gemieteten Räumen. (Soc.pravo, 1957, H.5, S.40-49)

Nathan,H.: Sozialistisches Eigentum und guter Glaube.(NJ,1957,H.23, S.749-756)

Nickel,R.;W.Siebert;S.Müller: Die Ansprüche des Mieters gegen den Vermieter. (NJ, 1957, H.23, S.756-761)

Panjugin,V.: Einige Fragen aus der Praxis des Obersten Gerichts der UdSSR, zur Anwendung der Wohnungsgesetzgebung.(Soc.zak.,(SSSR) 1957, H.4, S.10-18)

Posch,M.: Das westdeutsche Kartellgesetz. (St Ř,1957,H.11,S.1134-1146)

Ring,M.P.;M.I.Mal'ginova(Malginowa,M.I.): Strittige Fragen der Gerichtspraxis in Wohnungssachen. (Sov.gos.pravo,1957, H.10,S.104-110)

Schwefelberg,A.: Die Frage des Kausalzusammenhanges in Fällen, die im Versicherungsakt vorgesehen sind. (J.N.,1957,H.5, S.836-842)

Spišiak, J.: Die Streckenlieferungen. (Pr.štúdie,1957, H.3, S.432-458)

Švestka,J.: Das Vorkaufsrecht im tschechoslowakischen Zivilgesetzbuch. (Pr.,1957, H.8, S.699-712)

Zankovskaja,S.;A.Kabalkin(Sankowskaja,A.): Über die Kodifizierung der Zivilgesetzgebung. (Soc.zak.,(SSSR) 1957, H.6, S.20-26)

14.Urheber-und Erfinderrecht

Becker,G.: Die derzeitige Funktion des Patents in der DDR.(EuV.,1957, H.19, S.445-447)

Gimidžijski,D.(Gimidshijski,D.): Das Urheberrecht und das Plagiat. (Soc.pravo, 1957, H.3, S.12-17)

Knap,K.: Über den Rechtscharakter des Urheberrechts.(Pr.,1957,H.8, S.735-743)

Longhin,V.: Über das Subjekt des Urheberrechts.(Mit russ.u.frz.Résumé) (J.N.,1957,H.6, S.1028-1030)

Siemens,H.: Probleme der Zuständigkeit im gewerblichen Rechtsschutzwesen. (EuV, 1957, H.19, S.449-451)

Spitzner,O.: Das Berufungsgericht in Kairo entscheidet gegen das westdeutsche Pseudo-Zeiss-Unternehmen. (Dem.u.R. 1957,H.5, S.214-219)

Vida,S.: Erfindungs- und Vorschlagswesen in Ungarn neu geregelt. (EuV, 1957,H.20, S.470-472)

Fragen zur Vorbereitung eines neuen Warenzeichengesetzes.(EuV,1957, H.21, S.489-490)

15.Vertragssystem,Vertragsgerichtliches Verfahren

Eggers-Lorenz, O.: Frühzeitige Klärung der materiellen Verantwortlichkeit des Lieferers durch Feststellungsverfahren. (Vertr.Syst. 1957,H.5, S.9-13)

Hauser, G.: Die Zwangsvollstreckung aus Schuldtiteln des Staatlichen Vertragsgerichtes. (Vertr.Syst.,1957, H.4, S.10-14)

Kann,K.: Die politische Verantwortung des Staatlichen Vertragsgerichtes. (Vertr.Syst.,1957, H.3, S. 2-4)

Knapp,V.: Die Erfüllung der Wirtschaftsverträge über die Lieferung und über die Abnahme von Erzeugnissen.(Pr.štúdie, 1957,H.3, S.341-373)

Körner,H.: Zur Bedeutung des Bauhauptvertrages. (St R,1957, H.11, S.1179-1184)

Löffler,K.H.: Zur Prüfung der materiellen Verantwortlichkeit im Feststellungsverfahren. (Vertr.Syst. 1957,H.5, S.5-9)

Lupu,V.: Einige Fragen, die sich aus der Aussetzung des Verfahrens und der Überprüfung im Wege der Arbitrage ergeben. (J.N.,1957,H.5, S.821-835)

Petrinski,P.: Die Zuständigkeit für Vermögensstreitigkeiten, die sich aus Transportverträgen ergeben. (Soc.pravo, 1957, H.7,S.30-37)

Pflicke,G.: Materielle Interessierung und Sanktionen.(Vertr.Syst., 1957, H.3, S.5-10)

Račev,A.(Ratschew,A.): Zu Art.19 des Gesetzes über Verpflichtungen und Verträge. (Soc.pravo, 1957, H.5, S.28-39)

Schönrath,W.: Nicht gerechtfertigte Anwendung des § 242 BGB. (Vertr.Syst. 1957, H.5, S.17-18) 17

Spitzner,O.: Regelung und Abgrenzung von Gewährleistung und Garantie und deren besondere Probleme bei Zulieferungen. (Vertr.Syst. 1957, H.5, S.13-17)

Teodoru,L.: Einige Aspekte der Vermögenshaftung der materiellen Verantwortlichkeit der Betriebe im Zusammenhang mit dem Wirtschaftsvertrag. (J.N.,1957, H.5, S.843-847)

Vylčev,P.(Wiltschew,P.): Die Anwendung der Bestimmungen der Art.219 und 220 des Gesetzes über Verpflichtungen und Verträge auf die Beziehungen zwischen sozialistischen Organisationen und Betrieben. (Soc.pravo, 1957,H.3, S.26-29)

16.LPG-Recht, Bodenrecht

Antonova,L.A.;E.I.Filippov(Antonowa,L.A.;E.I.Filippow): Zur Rechtsstellung der interkollektivwirtschaftlichen Organisationen. (Sov.gos.pravo,1957, H.3, S.130-131; deutsch: RID,1957, H.22, S.671-672)

Arlt,R.: Gedanken über eine zusammenfassende Regelung des LPG-Rechts. (NJ, 1957,H.22, S.713-717)

Beljaeva,Z.S.(Beljajewa,S.S.): Die Rechtsstellung der interkollektiv-wirtschaftlichen Bauorganisation. (Sov.gos.pravo, 1957,H.1, S.50-59; deutsch: RID,1957, H.22, S.673-682)

D'jakonov,N.(Djakonow,N.): Die Sowchosen und ihre Rolle in der Entwicklung der Landwirtschaft der UdSSR. (Vopr.ekon.,1957, H.7, S.56-70)

Fábry, V.: Einige Fragen des Rechts der Landwirtschaftlichen Einheitsgenossenschaften in der ČSR. (NJ, 1957,H.22, S.717-719)

Hähnert,R.: Bemerkungen zur Frage der Regelung der inneren Beziehungen in den LPG. (St R,1957, H,10,S.1080-1087)

Hentschel,H.;W.Wolf: Für eine bessere Wirksamkeit des Jahresarbeitsvertrages zwischen MTS und LPG. (Vertr.Syst. 1957, H.5, S.1-5) 15

Kazancev,N.D.(Kasanzew,N.D.): Die Entstehung und Entwicklung des Kolchosrechts. (Sov.gos.pravo, 1957, H.11,S.118-129)

Kraev,M.A.(Krajew,M.A.): Der Sieg der Kolchosordnung in der UdSSR. (Mit russ.u.engl.Résumé) (Wirtsch.Wiss.,1957, 4.Sonderheft,S.103-126)

Losev,V.B.(Losjew,W.B.): Die Praxis der Kollektivwirtschaften in der Region Krasnodar bei der Annahme von Ergänzungen und Änderungen der Statuten der landwirtschaftlichen Artels. (Sov.gos.pravo,1957, H.3, S.108-111; deutsch: RID,1957, H.22, S.683-688)

Medve,Z.: Einige Fragen der Rechtsstellung der landwirtschaftlichen Produktionsgenossenschaften in der Ungarischen Volksrepublik. (Sov.gos.pravo, 1957, H.10, S.120-124)

Pavlov, I.V.(Pawlow,I.W.): Einige Fragen der Rechtsstellung der landwirtschaftlichen Produktionsgenossenschaften in der Volksrepublik China. (Sov.gos.pravo, 1957,H.7, S.32-42; deutsch: RID,1957,H.22, S.659-670)

Ruskol,A.;B.Liskovec(Liskowez,B.): Neues aus der Gerichtspraxis in zivilrechtlichen Kolchosangelegenheiten. (Soc.zak.,(SSSR) 1957, H.3, S.7-13)

Tadžer,V.(Tadsher,W.): Die Zwangsvollstreckung in Beträge, die einem Mitglied einer Landwirtschaftlichen Produktionsgenossenschaft für geleistete Arbeit oder als Rente zustehen. (Soc.pravo,1957, H.3,S.18-25) 18

Zezula,J.: Die Musterstatuten der LEG, ihre Änderung und Ergänzung. (Soudce z lidu, 1957,H.7-8, S.116-120)

17.Familienrecht

Christian,I.: Das Familienrecht in der Rumänischen Volksrepublik. (J.N.,1957, H.5,S.809-820)

Dorfman,S.: Das Familiengesetz der Tschechoslowakischen Republik. (Soc.zak.,(SSSR) 1957,H.1, S.56-59)

Górecki, J.: Über das Verbot der Eheschließung für die auf Grund von Trunkenheit entmündigten Personen. (P.i P.,1957, H.7/8,S.152-162)

Kocna,A.: Die Vereinbarung der Ehegatten über die Deckung der persönlichen Bedürfnisse für die Zeit nach der Scheidung.(Pr.obz.,1957, H.7, S.424-427)

Salov,S.: Aktuell gewordene Probleme des sowjetischen Familienrechts. (Soc.zak.,(SSSR) 1957,H.9, S.5-9)

Sverdlov,G.M.(Swerdlow,G.M.): Die Entwicklung des sowjetischen Familienrechts seit der Oktoberrevolution. (NJ,1957, H.21, S.683-687)

18.Zivilprozeß(einschließlich Familienrechtliches Verfahren)

Bičovský, L.: Die neuen Arbeitsmethoden der Geschichte vom Standpunkt der Zivilprozeßordnung und der Verhandlungsordnung.(Soc.zák.,1957, H.7, S.405-409)

Bukowski,T.;S.Madaj: Zwei Stimmen zur Frage der Verwerfung des Einspruchs gegen das Versäumnisurteil. (N.P.,1957, H.10, S.100-105)

Gurvič,M.A.(Gurwitsch,M.A.): Das Recht der Kassationsinstanz auf Abänderung von Gerichtsurteilen. (Sov.gos.pravo, 1957, H.10, S.36-44)

Resich,Z.: Das Dispositionsprinzip und das Kontradiktionsprinzip im Zivilprozeß der Volksrepublik Polen.(Mit russ.,engl.u.frz.Resumé) (P.i P.,1957, H.7/8, S.56-69)

Sitaru,A,: Einige Seiten der Anfechtung der Urteilsvollstreckung im Zivilprozeß. (J.N.,1957, H.5, S.848-857)

Stalev,Ž.(Staljew,Sh.): Das wechselseitige Verhältnis der Gründe für die Urteilsaufhebung nach Art.207 der Zivilprozeßordnung. (Soc.pravo, 1957, H.5, S.1-9)

Švejcer,D.(Schwejzer,D,): Die Gegenklage. (Soc.zak.,(SSSR) 1957,H.1, S.39-44)

Wolter,A.: Die Vertretung des minderjährigen Kindes im Prozeß um die Feststellung der Vaterschaft. (N.P.,1957,H.10, S.41-46)

19.Arbeitsrecht und Arbeitsrechtliches Verfahren

Andreev,M.(Andrejev,M.): Entlassung auf eigenen Wunsch des Arbeiters oder des Angestellten. (Soc.zak.,(SSSR) 1957, H.1, S.24-27)

Bogdan,A.: Die Pflicht der Betriebe zur Schadenersatzleistung bei Arbeitsunfällen und Berufskrankheiten. (Soc.zák.,1957, H.7, S.417-421)

Feige,G.: Über die Berufung und Abberufung leitender Mitarbeiter des Staatsapparates. (ArbR.,1957, H.11, S.285-289) 2

Göhring,J.;G.Kirmse: Welches Organ ist Subjekt des durch Berufung oder Wahl begründeten Arbeitsrechtsverhältnisses? (NJ,1957,H.24, S.804-806)

Grzybowski,S.: Die Abgrenzung der Rechtsgrundlagen der materiellen Verantwortlichkeit der Beschäftigten.(P.i P.,1957, H.7/8,S.143-151)

Hromada,J.: Betrachtungen über die Beziehung des Arbeitsrechts zum Zivilrecht und zum Verwaltungsrecht. (Pr.štúdie,1957, H.3, S.473-487) 9,13

Hucke,D.: Die IAO und die Mitarbeit der DDR. (Dt.Auss.pol.,1957, H.10, S.850-856) 6

Karinskij,S.S.: Die Grundzüge der Entwicklung des sowjetischen Arbeitsrechts. (Sov.gos.pravo, 1957, H.11, S.104-117)

Kirschner,G.: Zur arbeitsrechtlichen Stellung des berufenen Staatsfunktionärs. (ArbR.,1957, H.11, S.289-290) 2

Kowollik,B.: Arbeitsort, Versetzung und Abordnung. (A.u.S.,1957,H.20, S.629-631)

Kunz,F.: Zur Entlohnung der Werktätigen bei Ausschuß, Qualitätsminderung und Nacharbeit. T.2. (ArbR.,1957, H.10, S.261-263)

Langner,L.: Bemerkungen zur beabsichtigten Neuregelung der Konfliktkommissionsverordnung. (NJ, 1957,H.23, S.769-772)

Moskalenko,G.K.: Grundlegende Fragen der sowjetischen Arbeitsrechtswissenschaft. (J.N.,1957, H.5, S.782-791)

Paasch,W.: Durchschnittsverdienst und Durchschnittslohn.(A.u.S.,1957, H.22, S.696-697)

Paul, H.: Zum Anspruch auf Lohnausgleich bei späterer Erkrankung an den Folgen eines Betriebsunfalles. (A.u.S.,1957, H.20, S.634-635)

Schneider,F.: Die 40.Tagung der Internationalen Arbeitskonferenz in Genf. (ArbR.,1957, H.10, S.264-265, 271)

Schneider,R.: Die Arbeitsgesetzgebung der Deutschen Demokratischen Republik. 3.Quartal 1957. (ArbR.,1957, H.11, S.291-292)

Schneider,R.: Die Bedeutung der sowjetischen Arbeitsrechtswissenschaft für unser Arbeitsrecht.(A.u.S.,1957, H.21, S.661-663)

Stavceva,A.I.(Stawzewa,A.I.): Die Entlassung wegen systematischer Nichterfüllung der Arbeitspflichten. (Učenye zapiski, 1957,H.2,(6), S.3-27)

Szubert,W.: Grundsätze des Arbeitsrechts.(Mit russ.,engl.u.frz.Resumé) (P.i P.,1957, H.7/8, S.39-55)

Tauscher,H.: Einige arbeitsrechtliche Bemerkungen zur freien Meinungsäußerung und politischen Betätigung in westdeutschen Betrieben. (ArbR.,1957,H.11, S.281-285)

Tauscher,H.: 40 Jahre sowjetisches sozialistisches Arbeitsrecht. (A.u.S., 1957,H.21, S.663-665)

Tomeš,I.: Der Rechtscharakter der Verhältnisse in der Krankenversicherung der Beschäftigten. (Pr.,1957, H.8, S.673-691)

Wagner,H.: Tätigkeit - Vergütung - Tarifvertrag - Stellenplan - Qualifizierungsverträge. (A.u.S.,1957, H.19, S.598-600)

Zajkin,A.;J.Kosicyn(Sajkin,A.;Koszin,J.): Die disziplinarische Verantwortlichkeit der Arbeiter und Angestellten nach dem sowjetischen Arbeitsrecht. (soc.zak.,(SSSR) 1957, H.1, S.28-33)

20.Internationales Privatrecht

Borský,E.: Der Abschluß von Auslandsverträgen vom Standpunkt des internationalen Privatrechts. (Čas.pro mez.pr.,1957,H.3, S.254-260)

Kalenský,P.: Der Kaufvertrag in den Arbeiten der Haager Konferenz für Internationales Privatrecht. (Čas.pro mez.pr.,1957, H.3, S.216-223)

Levitin,A.B.(Lewitin,A.B.): Strittige Fragen des internationalen Privatrechts (Stellungnahme). (Učenye zapiski, 1957, H.2 (6), S.59-88)

Lipinski,K.: Die Anerkennung ausländischer Gerichtsentscheide. (N.P.,1957, H.11, S.44-58)

21.Sonstiges

Bordonov,S.A.(Bordonow,S.A.): Aus der Arbeit der sowjetischen Zeitschrift "Sozialistische Gesetzlichkeit". (NJ, 1957,H.21, S.681-683)

Nathan,H.;H.Püschel: Die Gesetzgebung der Deutschen Demokratischen Republik.(3.Quartal 1957) (NJ,1957,H.21, S.692-698)

Prof.Dr.Heinz Such, Nationalpreisträger. (St R, 1957,H.10,S.1005-1006)

Tadevosjan,V.(Tadewosjan,W.): Die Information über die Rechtsliteratur, die in den sozialistischen Ländern veröffentlicht wird, muß verbessert werden. (Soc.zak.,(SSSR) 1957, H.2, S.52)

B. BIBLIOGRAPHIE AUS ZEITSCHRIFTEN DER DEUTSCHEN BUNDESREPUBLIK

Diese Bibliographie enthält eine Auswahl einschlägiger Artikel aus folgenden Zeitschriften: 1)

AG	= Der Arbeitgeber, Düsseldorf	1957,H.18-20
AöR	= Archiv des öffentlichen Rechts, Tübingen	1957, Bd 82, H.2/3
ArbuR	= Arbeit und Recht, Köln	1957,H.9-10
Arch.f.Krim.	= Archiv für Kriminologie, Lübeck	1957,Bd 119,H.1-6 1957,Bd 120,H.3-4
ASP	= Arbeit und Sozialpolitik, Frankfurt/M., Bonn	1957,H.9-10
AUSS.POL.	= Außenpolitik, Stuttgart	1957,H.9-11
B	= Der Betrieb, Düsseldorf	1957,H.36-44
BB	= Der Betriebs-Berater, Heidelberg	1957,H.25-30
Betr.Verf.	= Die Betriebs-Verfassung, Frankfurt/M. .	1957,H.7-8
DJ	= Die Justiz, Düsseldorf	1957,H.4-5
DÖV	= Die Öffentliche Verwaltung, Stuttgart .	1957,H.20-24,27-29
DRiZ	= Deutsche Richterzeitung, Köln, Berlin ...	1957,H.10-11
DVBl.	= Deutsches Verwaltungsblatt, Köln, Berlin	1957,H.17-22
DWW	= Deutsche Wohnungswirtschaft, Düsseldorf	1957,H.8-10
EA	= Europa-Archiv, Frankfurt/M.	1957,H.17-18
FamRZ	= Ehe und Familie im privaten und öffentlichen Recht, Bielefeld	1957,H.10-11
GAStr	= Goltdammer's Archiv für Strafrecht, Hamburg	1957,H.9-11
Gew.Mon.H.	= Gewerkschaftliche Monatshefte, Köln ...	1957,H.8-10
GRUR	= Gewerblicher Rechtsschutz und Urheberrecht, Weinheim	1957,H.9-10
JR	= Juristische Rundschau, Berlin	1957,H.6-10
JZ	= Juristenzeitung, Tübingen	1957,H.19-23
Krim.	= Kriminalistik, Zeitschrift für die gesamte kriminalistische Wissendchaft und Praxis, Hamburg	1957,H.10-11
MDR	= Monatsschrift für Deutsches Recht, Hamburg	1957,H.10-11
Mitbest.	= Die Mitbestimmung, Hamburg	1957,H.5
Mschr.Krim.	= Monatsschrift für Kriminologie und Strafrechtsreform, Berlin, Köln	1957,H.5-6
N.Abendl.	= Neues Abendland, Jahrbuch für Politik und Geschichte, München	1957,H.3
N.Gesellschaft	= Die Neue Gesellschaft, Bielefeld ..	1957,H.5

NJW = Neue Juristische Wochenschrift, München . 1957,H.39-46

Öff.D. = Der Öffentliche Dienst, Düsseldorf 1957,H.9-10

Politische Studien,Monatshefte der Hochschule für Politische Wissenschaften, München 1957,H.90

RdA = Recht der Arbeit, München,Berlin 1957,H.9-10

RdJ = Recht der Jugend, Berlin 1957,H.19-22

RdL = Recht der Landwirtschaft, Hamburg 1957,H.10-11

RiW = Recht der internationalen Wirtschaft, Heidelberg 1957,H.9-10

SchlHA = Schleswig-Holsteinische Anzeigen, Kiel .. 1957,H.10-11

SCHM.JB. = Schmollers Jahrbuch für Gesetzgebung, Verwaltung und Volkswirtschaft, Berlin .. 1957,H.5

SKV = Staats- und Kommunalverwaltung, Berlin .. 1957,H.10-11

Soz.Sicherh.= Soziale Sicherheit, Zeitschrift für Sozialpolitik, Köln 1957,H.8-10

TW = Die Teilzahlungswirtschaft, Dortmund 1957,H.5-6

UFITA = Archiv für Urheber-, Film-, Funk- und Theaterrecht, Baden-Baden 1957,Bd 24,H.3-4

Weltw.Arch.= Weltwirtschaftliches Archiv,Zeitschrift d. Instituts f.Weltwirtschaft an der Universität Kiel, Hamburg 1957,Bd 79,H.1

WRP = Wettbewerb in Recht und Praxis, Frankfurt/M. 1957,H.9-10

WuW = Wirtschaft und Wettbewerb, Düsseldorf .. 1957,H.9-11

Z.ausl.öff.R.u.VR.= Zeitschrift für ausländisches öffentliches Recht und Völkerrecht, Stuttgart, Köln 1957,Bd 18,H.1

Zbl.JugR = Zentralblatt für Jugendrecht und Jugendwohlfahrt, Köln, Berlin 1957,H.10

ZHKR = Zeitschrift für das Gesamte Handelsrecht und Konkursrecht, Stuttgart 1957,H.3/4

ZLR = Zeitschrift für Luftrecht, Berlin,Köln .. 1957,Bd 6,H.4

ZMR = Zeitschrift für Miet- und Raumrecht, Düsseldorf 1957,H.9-11

Z.POLIT. = Zeitschrift für Politik, Berlin 1957,H.2

ZSR = Zeitschrift für Sozialreform,Wiesbaden .. 1957,H.8-9

ZSt = Zeitschrift für die gesamte Staatswissenschaft, Tübingen 1957,Bd 113,H.4

ZStr = Zeitschrift für die gesamte Strafrechtswissenschaft, Berlin 1957,Bd 69,H.1-2

Z.St.Soz. = Zeitschrift für Staatssoziologie, Darmstadt 1957,H.3

ZV u ZV = Zeitungs-Verlag und Zeitschriften-Verlag, Wiesbaden 1957,H.19-22

ZZP = Zeitschrift für Zivilprozeß, Berlin 1957,Bd 70,H.4-5

1) Die hier aufgeführten Hefte sind gemäß der Benutzungsordnung der Bibliothek des Deutschen Instituts für Rechtswissenschaft bedingt ausleihfähig.

1.Soziologie,allgemeine Staatslehre,Rechtsphilosophie [1)]

Bender,B.: Zur Methode der Rechtsfindung bei der Auslegung und Fortbildung gesetzten Rechts. (JZ, 1957,H.19/20, S.593-602)

Blank,H.: Eliten und Prätorianer. (N.Abendl.,1957,H.3, S.231-236)

Corman Op,G.: Der Mensch in seinen Lebenskreisen. (Gew.Mon.H.,1957, H.8, S.473-477)

Flöter,H.H.: Bedeutung und Mißbrauch des Naturrechts. (N.Gesellschaft, 1957, H.5, S.373-380)

Forst de Battaglia,O.: Die Eliten im abendländischen Mittelalter. (N.Abendl.,1957,H.3, S.195-215)

Franzel,E.: Wesen und Wandlung der Parteien.(N.Abendl.,1957,H.3, S.237-254) 4

Grabowsky,A.: Die Lehre von den zwei Freiheiten. (Z.POLIT.,1957,H.2, S.101-115)

Jesch,D.: Unbestimmter Rechtsbegriff und Ermessen in rechtstheoretischer und verfassungsrechtlicher Sicht. (AöR,1957, Bd 82,H.2/3, S. 163-249) 4

Kogon,E.: Der politisch verpflichtete Mensch.(Freizeit als Gegenstand der Politik) (Gew.Mon.H.,1957,H.8, S.485-488)

Leifer,W.: Panideen im afro-asiatischen Bereich. (AUSS.POL.,1957, H.11, S.683-695) 3

Lenz,F.: Die Entstehung öffentlicher Meinungen. (Gew.Mon.H.,1957, H.9, S.520-525) 4

Ludwig,H.: Gegenwart, Elite und Tradition. (N.Abendl.,1957, H.3, S.216-224)

Oeter,F.: Familie und Gesellschaft unter dem Einfluß des Industriekapitalismus. (SCHM.JB.,1957,H.5, S.1-34)

Remmling,G.W.: Die Interessenverbände in der westlichen Welt. Zur Frage der gesetzl.Regelung des Verbändeeinflusses in einzelnen Ländern. (Z.POLIT.,1957,H.2, S.169-186) 4

1) Die nach der Fundstelle eines Artikels angegebenen Zahlen verweisen auf die Bedeutung dieses Artikels auch für andere Fachgebiete entsprechend der hier zugrunde gelegten Systematik.

Wieacker,F.: Gesetzesrecht und richterliche Kunstregel. Zu Essers Buch "Grundsatz und Norm" (Tübingen 1956. 394 S..; Rez.) (JZ,1957, H.22/23, S.701-706)

2.Staats-und Rechtsgeschichte

Becker, E.: Das staatspolitische Vermächtnis des Freiherrn vom Stein. (DÖV,1957, H.27, S.740-744)

Frauendienst,W.: Demokratisierung des deutschen Konstitutionalismus in der Zeit Wilhelms II. (ZSt,1957,Bd 113, H.4, S.721-746)

Ipsen,G.: Freiherr vom Stein, Staatsmann der Deutschen. (DÖV,1957, H.27, S.737-739)

Krebsbach,A.: Zeit, Reformen und Persönlichkeit des Freiherrn vom Stein. (SKV,1957, H.10, S.219-222) 5

Weber,W.: Der Freiherr vom Stein als Göttinger Student. (DÖV,1957, H.27, S.747-749)

3.Völkerrecht und Außenpolitik

Bödigheimer,W.: Die Herbstkrisen von 1956 vor der Vollversammlung der Vereinten Nationen.(Mit Dok.Anh.) (EA, 1957,H.17/18, S.10157-10172)

Brenner,O.: Die Gewerkschaften und die europäischen Institutionen. (N.Gesellschaft, 1957,H.5, S.347-353) 16

Breycha-Vauthier,A.C.: Renouyeau de l'Ordre Hospitalier de St.Jean dit de Malte. La Charte Constitutionelle de 1956. (Z.ausl.öff.R.u. VR.,1957, Bd 18,H.1, S.103-120) 4

Brügel,J.W.: Die Koexistenzthese im Kräftefeld der britischen Politik. (EA,1957,H.17/18, S.10131-10156)

Friedrichs, G.: Die Europäische Atomgemeinschaft.(Gew.Mon.H.1957,H.10, S.610-614)

Friedrichs,K.H.: Wirtschafts- und Konjunkturpolitik im Gemeinsamen Markt. (Gew.Mon.H. 1957, H.10, S.598-602)

Furler,H.: Zur wirtschaftlichen und politischen Bedeutung der Europäischen Wirtschaftsgemeinschaft. (ZV u.ZV.1957, H.19,S.616-620)

Gissler, P.: Internationale soziale Sicherheit. (Soz.Sicherh.,1957, H.9, S.263-266; H.10, S.295-298) 16,17

Jüttner, A.: Das Selbstbestimmungsrecht der Völker.(Politische Studien, 1957,H.90, S.186-195)

Köhler,W.: Diskriminierungsverbot und verbotene Diskriminierung im Montanunionsvertrag. (B,1957,H.41 (Beil,), S.1-8) 4,12

Kreyssig,G.: Probleme und Problematik des Europaparlaments. (N.Gesellschaft, 1957,H.5, S.337-346) 1

Lorck, C.von: Über die Organisation des internationalen Obersten Rückerstattungsgerichts. (DRiZ, 1957, H.11, S.252-254) 4,9,18

Münch,F.: Zum Saarvertrag vom 27.Oktober 1956. (Z.ausl.öff.R.u.VR. 1957, Bd 18,H.1, S.1-60) 4

Oda,S.: New Trends in the Regime of the Seas. T.1. (Z.ausl.öff.R.u. VR. 1957,Bd 18,H.1, S.61-102)

Prellwitz,J.von: Die argentinisch-nordamerikanischen Beziehungen. (Z.POLIT.,1957, H.2, S.132-152)

Reintanz,G.: Die UNO, die regionalen Verträge, die Abrüstung und die deutsche Frage. (DJ,1957,H.4, S.153-156)

Schmidt,D.: Die wirtschaftlichen Weltorganisationen und die Bundesrepublik Deutschland. (Gew.Mon.H. 1957, H.10, S.590-597)

Schütz-Sevin,B.: Commonwealth - Atlantisch-Pazifische Gemeinschaft. (AUSS.POL.,1957, H.10, S.647-657)

Stockhausen,H.W.: Die Teilung Indiens und der Kaschmirkonflikt. T.1. (Politische Studien, 1957, H.90,S.153-159) 4

Tennfjord,F.: Eine europäische Sozialcharta, Pläne und Gedanken. (ZSR,1957, H.9, S.254-257) 16,17

4.Staatsrecht

Abadan,Y.: Die Entstehung und die Eigenarten der türkischen Verfassung. (DVBl.,1957, H.17, S.589-597)

Bauer,R.: Die niederländische Verfassungsänderung von 1956 betreffend die auswärtige Gewalt. (Text mit Anm.) (Z,ausl.öff.R.u.VR.,1957, Bd 18, H.1, S.137-155) 3

Drath,M.: Zur Informationsfreiheit in Schweden.(DVBl.,1957,H.18, S.638-639)

Frankenfeld,A.: Zur Problematik der äußeren und inneren Pressefreiheit. (ZV u.ZV.1957,H.21, S.859-860)

Füßlein,W.: Die Fortentwicklung des Bundeswahlrechts in den Bundeswahlgesetzen von 1949, 1953 und 1956. (DÖV,1957,H.22, S.601-606)

Giese,F.: Parlament und Regierung. (DÖV,1957,H.23/24, S.638-639)

Grund:Die Stellung des Vorsitzenden im Prüfungsausschuß für Kriegsdienstverweigerer. (NJW, 1957, H.44,S.1624-1627) 5

Kreutzer:Rechtsfragen aus dem Wehrpflichtgesetz. ((DVBl.,1957,H.20, S.700-704) 5

Löschelder,W.: Kommunale Selbstverwaltung in unserer Zeit.(SKV,1957, H.11, S.243-244) 5

Meyer-Arndt, L.: Rechtsfragen der Grundgesetzänderung.(AöR,1957, Bd 82, H.2/3, S.275-300)

Paetel,K.O.: Der Kampf um das Wahlrecht für Neger in den USA. (Gew.Mon.H.,1957, H.10, S.627-629)

Scheuner,U.: Das parlamentarische Regierungssystem in der Bundesrepublik. (DÖV,1957,H.23/24, S.633-638)

Schneider,H.: Staatsverträge und Verwaltungsabkommen zwischen deutschen Bundesländern. (DÖV,1957, H.23/24, S.644-651) 5

Sympher,P.;W.K.Geck: Beschluß des Bundesverfassungsgerichts vom 21. März 1957 über eine Verfassungsbeschwerde wegen Eingriffs in privates Auslandsvermögen durch zwischenstaatliche Abmachungen.(Mit Anm.) (Z.ausl.öff.R.u.VR. 1957,Bd 18,H.1, S.121-128)

Türke,J.: Die Stellung des Verwaltungsausschusses nach der modifizierten Ratsverfassung. Eine Untersuchung zur Niedersächsischen Gemeindeordnung. (AöR,1957,Bd 82,H.2/3, S.301-326)

Wehrhahn,H.: Systematische Vorfragen einer Auslegung des Art.2 Abs.I des Grundgesetzes. (AöR,1957,Bd 82,H.2/3, S.250-274)

Wengler,W.: Zur bindenden Wirkung des Konkordatsurteils.(NJW,1957, H.39, S.1417-1422)

Willms,G.: Das Vereinigungsverbot des Art.9 Abs.2 GG und seine Vollziehung. (NJW,1957,H.44, S.1617-1619)

5.Verwaltungsrecht und Verwaltungsgerichtsverfahren

Anz,H.: Zum Besoldungsgesetz des Bundes. (DÖV,1957, H.22,S.612-616)

Backhaus,E.: Abordnung und Versetzung von Beamten.(SKV,1957,H.11, S.247-249)

Becker,W.: Das Gesetz zum Schutze der Jugend in der Öffentlichkeit in neuer Fassung. (FamRZ, 1957,H.10/11, S.356-358)

Brohl:Können Gemeinden gezwungen werden, einen Fluchtlinienplan aufzustellen? (DVBl.,1957,H.22, S.776-777)

Bullinger,M.: Die behördliche Genehmigung privater Rechtsgeschäfte und ihre Versagung. (DÖV,1957,H.28, S.761-770) 10

Ehlers,K.: Das Zweckdenken in der Verwaltung - eine Gefahr für die Rechtsstaatlichkeit. (BB,1957, H.27, S.937-940) 4

Emmerig,E.: Grundfragen des bayerischen Polizeirechts.(DÖV,1957,H.22, S.616-619)

Féaux de la Croix: Das Kriegsfolgenschlußgesetz. T.1. (NJW,1957,H.46, S.1697-1702) 6

Gierke,J.von: Die Industrie- und Handelskammern.(ZHK,1957,H.3/4, S.77-83)

Hartlieb,H.von: Die Filmbestimmungen der Jugendschutznovelle. (Text im Anh.) (UFITA, 1957,Bd 24,H.3/4, S.178-196)

Havers,H.: Zur Anordnung, Wirkung und Aussetzung der sofortigen Vollziehung von Verwaltungsakten, (Öff.D.,1957,H.10, S.183-185)

Hoffmann,H.: Die Beweislast im Verwaltungsprozeß. (DVBl.,1957, H.17, S.603-607)

Hurst:Die Umsetzung von Mietern im Zuge gemeindlicher Bauvorhaben. (SKV,1957, H.11, S.253-256) 10

Jung,H.: Probleme des Widerrufsvorbehaltes. (DVBl.,1957,H.20, S.708-711)

Kafka,G.E.: Staat und Rundfunk in den Niederlanden.(DVBl.,1957,H.21, S.747-748)

Keßler,E.: Auswahl und Einstellung von Bewerbern im Bundesdienst der USA. (DÖV,1957,H.29, S.793-797)

Kirdorf:Gesetz zur Ordnung des Wasserhaushalts. (RdL,1957,H.10, S.253-256)

Korff,C.: Über die Zweckbestimmung und Zweckentfremdung von Wohnraum. (DWW, 1957,H.10, S.223-228)

Kuchinke,K.: Zur Zuständigkeit bei der Entziehung und Wiederverleihung des Doktorgrades. (DVBl.,1957,H.22, S.773-774)

Külz,R.;K.Gillner;O.Bachof: Verwaltungsgerichtsbarkeit in Zahlen. (DÖV,1957, H.20/21, S.559-562)

Lohse,E.: Die zweite Novelle zum Gesetz zu Artikel 131 des Grundgesetzes. (DRiZ, 1957,H.11, S.257-259)

Maetzel,W.B.: Rechtsschutz nach dem Beamtenrechtsrahmengesetz (BRRG). (MDR, 1957,H.10, S.585-587)

Malz:Die Zweite Novelle zum Gesetz zu Art.131 GG. (SKV,1957,H.10, S.223-224)

Naumann,R.: Zur Rechtsprechung des Bundesverwaltungsgerichts.(DÖV, 1957, H.23/24, S.651-653)

Paul,T.: Die Wasserverunreinigung. (Betr.: Wasserhaushaltsgesetz) (DWW, 1957, H.9, S.195-198)

Piechulek,G.: Die Abänderbarkeit von Verwaltungsakten unter besonderer Berücksichtigung des Lastenausgleichsrechts. (JR,1957,H.7, S.247-252) 6

Pietzonka:Der baurechtliche Dispens. (NJW,1957, H.43,S.1582-1585)

Potrykus: Reform des Jugendschutzes. (NJW,1957,H.40, S.1465-1466)

Reuter,A.: Eine neue Schulordnung für die Höheren Schulen in Bayern. (DVBl.,1957, H.19, S.670-675)

Schack,F.;R.Klein: Bundesverwaltungsgericht und Requisitionsentschädigung. (DVBl.,1957, H.21, S.740-745)

Schmitt,L.: Die bayerischen Polizeibeschwerden. (DÖV,1957,H.22,S.620-621)

Schröcker: Das fehlerhafte Beamtenverhältnis. (DVBl.,1957, H.19, S.661-670)

Schütz,E.: Der Rechtsweg im Beamtenrecht. (Öff.D.,1957, H.9, S.161-168)

Schwabe,H.: Soll die Polizei das Erscheinen von Vorgeladenen erzwingen können? (Krim,1957, H.11, S.438)

Spanner,H.: Organisationsgewalt und Organisationsrecht.(DÖV,1957, H.23/24, S.640-643)

Strauß, W.: Stand und Fortgang der Bereinigung und Sammlung des Bundesrechts. (DÖV, 1957,H.20/21, S.545-548) 4

Thieme,W.: Vom Wesen des Disziplinarrechts. (DVBl.,1957, H.22, S. 769-773)

Tittel: Die Rechtsprechung der Verwaltungsgerichte.(DRiZ, 1957, H.10, S.228-231)

Ule,C.H.: Verwaltungsverfahren und Verwaltungsgerichtsbarkeit. (DVBl.,1957, H.17, S.597-603)

Wenzel,H.: Die Laufbahnvorschriften des Beamtenrechtsrahmengesetzes. (Öff.D.,1957,H.10, S.181-183)

6.Finanz-,Steuer-u.Preisrecht (einschließlich Finanzgerichtsverfahren)

Beuck,W.: Soll die Kapitalgesellschaft erleichtert umwandeln? (B,1957, H.38, S.904-907) 12

Binder,P.: Steuerreform - wie und wodurch? (Mbl.freiheitl.Wipol., 1957, H.8, S.483-485)

Diedenhofen,H.: Die Behandlung von Renten-,Nießbrauchs- und Nutzungsrechten bei der Vermögensbesteuerung. (B,1957,H.36, S.852-855)

Eichhorn,E.: Änderungen des Vermögensteuer- und Bewertungsrechts. (DWW, 1957,H.9,S.207-209)

Falkenroth,G.: Überhöhte Herstellungskosten in der Steuerbilanz. (BB, 1957, H.26, S.922-925)

Das Gesetz über Maßnahmen auf dem Gebiete der Finanzgerichtsbarkeit. (B, 1957, H.44, S.1056)

Föhl,C.: Möglichkeiten einer künftigen Fiskalpolitik.(Weltw.Arch., 1957, Bd 79,H.1, S.1-64)

Friesecke,K.: Außergewöhnliche Belastung bei großem Einkommen und Vermögen. (BB, 1957,H.26, S.926-927)

Giersch, H.: Einige Probleme der kleineuropäischen Zollunion.(ZSt, 1957, Bd 113,H.4, S.602-631) 3

Gierschmann,A.: Die Steuerbegünstigung der Körperbeschädigten und der diesen gleichgestellten Personen bei der Einkommensteuer und der Lohnsteuer. (BB,1957,H.28, Beil.,S.1-7)

Gübbels, B.: Zur steuerlichen Abschreibung. (BB,1957, H.28, S.996-999)

Hartz: Zur Haftung des Arbeitgebers im Lohnsteuerverfahren(B,1957,H.37, S.878-880)

Haver: Rechtliche, steuerliche und betriebswirtschaftliche Überlegungen bei der erleichterten Umwandlung von Kapitalgesellschaften. (BB, 1957, H.25, S.886-891) 12

Klein,F.: Der Beschluß des Bundesverfassungsgerichts zur Ehegattenbesteuerung in verfassungsrechtlicher Sicht. (DÖV,1957, H.20/21,S.567-578) 4

Meade,J.E.: Die Zahlungsbilanzprobleme einer europäischen Freihandelszone. (ZSt,1957, Bd 113, H.4, S.581-601)

Mann,F.K.: Die Bekämpfung der Inflationen. Amerikanische Methoden und Erfahrungen. (SCHM.JB.,1957,H.5, S.75-92)

Neubert,H.: Kreditüberwachung durch Auswertung der Finanzbewegungen. (B,1957,H.38 (Beil.), S.1-4)

Risse,H.: Die Bemessung der Aufsichtsratsvergütungen nach Wegfall der Aufsichtsratsteuer. (BB,1957, H.27, S.956-957)

Schultze-Schlutius,H.G.: Vorschlag einer gesetzlichen Regelung der Organschaft für die Einkommensbesteuerung. (B, 1957,H.40 (Beil.), S.1-10)

Starke,O.E.: Das Gesetz über die Deutsche Bundesbank und seine wichtigsten öffentlich-rechtlichen Probleme. (DÖV, 1957,H.22, S.606-612) 4,5

7.Strafrecht,Strafprozeß

Baur,F.: Die Bewährungsauflage der Schadenswiedergutmachung und das Zivilrecht. (GAStr, 1957, H.10/11, S.338-346) 10

Bertling,G.: Wirtschaftsdelikte aus der Sicht des Wirtschaftskriminalisten. T.2 u.3. (Krim.,1957, H.10, S.396-398; H.11, S.433-434)

Blei,H.: Das Bayerische Landesstraf- und Verordnungsgesetz. (JZ,1957, H.19/20, S.602-607) 5

Bockelmann,P.: Strafprozessuale Zuständigkeitsordnung und gesetzlicher Richter. (GAStr,1957,H.10/11, S.357-364)

Greifelds:Straftilgung und Akteneinsicht. (GAStr.,1957,H.9, S.257-264)

Dreher,E.: Die zehnte Arbeitstagung der Großen Strafrechtskommission. (9.-14.Juli 1956). (ZStr.,1957, Bd 69,H.1, S.59-98)

Engisch,K.: Beleidigende Äußerungen über dritte Personen im engsten Kreise. (GAStr,1957, H.10/11, S.326-337)

Fritzsche,H.: Zum räumlichen Geltungsbereich der Strafgesetze der Deutschen Demokratischen Republik. (DJ,1957, H.5, S.187-190)

Gallas,W.: Zum Begriff der "Falschheit" der eidlichen und uneidlichen Aussage. (GAStr, 1957, H.10/11, S.315-325)

Geilke,G.: Das Jugendstrafrecht in Polen seit 1944. (ZStr.,1957, Bd 69, H.1, (Beil.) S.6-21)

Grethlein,G.: Jugendarrest, Jugendstrafe und Bewährung. Ist eine Koppelung zulässig und nützlich? (NJW,1957, H.40, S.1462-1464)

Grützner,H.: Die Rechtsprechung des Bundesgerichtshofes in Auslieferungssachen. (GAStr, 1957, H.10/11, S.373-382) 4,5

Hildebrandt,R.E.: Für oder wider die Todesstrafe! (Krim.,1957,H.10, S.380)

Jeschek,H.H.: Ehrenschutz durch das strafrechtliche Feststellungsverfahren. (GAStr, 1957, H.10/11, S.365-372)

Lange,R.: Die Behandlung der Volltrunkenheit in der Strafrechtsreform. (JR, 1957, H.7,S.242-247)

Less,G.: Der Unrechtscharakter der Anstiftung. (ZStr.,1957, Bd 69, H.1, S.43-58)

Mankowski, B.S.: Der Kampf des Materialismus gegen die subjektivistisch-idealistischen Einflüsse in der sozialistischen Strafrechtswissenschaft. (Pr.obz.,1956,H.8, S.449-460; deutsch: DJ,1957,H.4, S.147-152)

Marcus,F.: Das neue dänische Schwangerschaftsgesetz. Zugleich ein Bericht über neues dänisches Strafrecht. (ZStr.,1957,Bd 69,H.2 (Beil.), S.75-89)

Marnowski,B.: Über die Anwendung des interlokalen Strafrechts in der Bundesrepublik. (DJ, 1957, H.4, S.135-139)

Middendorff,W.: Jugendstrafrecht und Jugendkriminalität in Portugal. (RdJ, 1957, H.20, S.312-314)

Müller: Anklagen wegen falscher Anschuldigung. (DRiZ,1957, H.11, S.262-264)

Müller,K.F.W.: Jugendlicher Trickbetrüger, Hochstapler und Intelligenzverbrecher. (RdJ,1957, H.20, S.307-308)

Müller,O.W.: Das amerikanische Bundesstrafrecht unter besonderer Berücksichtigung seiner Entwicklung nach der Revision von 1948. (ZStr.,1957,Bd 69, H.2 (Beil.) S.37-74)

Neudeck,H.: Zur Kriminologie des Wehrdienstes. (GAStr, 1957,H.10/11, S.347-356) 4

Niese,W.: Die Rechtsprechung des Bundesgerichtshofs in Strafsachen. (BGHSt Bd 6-9; Rez.)(JZ, 1957,H.21, S.658-665; H.22/23,S.707-710)

Nüse,K.H.: Die richterliche Handhabung des Lebensmittelgesetzes. (JR, 1957,H.6, S.201-207) 5,10

Pfannenschwarz,K.: Die Entstehung des Abschnitts "Staatsgefährdung" im 1. Strafrechtsänderungsgesetz vom 30.August 1951.(DJ,1957,H.4, S.139-147; H.5, S.190-197)

Piotet,P.: Systematik der Verbrechenselemente und Teilnahmelehre. (ZStr.,1957, Bd 69,H.1, S.14-42)

Poppe,W.: Zweifelsfragen bei der Anwendung des § 153c StPO. (NJW, 1957, H.43, S.1577-1579)

Roeder, H.: Exklusiver Täterbegriff und Mitwirkung am Sonderdelikt. (ZStr.,1957, Bd 69,H.2, S.223-268)

Rommeney,G.: Existiert zur Zeit tatsächlich eine erhöhte Kriminalitätsziffer der "Halbstarken"? (Arch.f.Krim.,1957, Bd 120,H.3/4,S.67-71)

Der kriminelle Rückfall.Bericht über den Dritten Internationalen Kongreß für Kriminologie in London vom 12.bis 19.September 1955. (Mschr.Krim.,1957, H.5-6, S.146-163)

Sauer,Tatbestand, Unrecht, Irrtum und Beweis. (ZStr.,1957, Bd 69,H.1, S.1-13)

Schmidhäuser, E.: Zum Begriff der bewußten Fahrlässigkeit. (GAStr,1957, H.10/11, S.305-314)

Schumacher: Sühneverfahren gegen Jugendliche. (NJW, 1957, H.42, S.1548-1550)

Schnitzerling,M.: Rechtsfragen um die Bewährungshilfe.(RdJ,1957,H.20, S.305-306)

Schröder,H.: Verbotsirrtum, Zurechnungsfähigkeit, actio libera in causa. (GAStr, 1957, H.10/11, S.297-304)

Scupin,H.U.: Die Zulässigkeit und Verwertbarkeit von Tonbandaufnahmen im polizeilichen Ermittlungsverfahren. (DÖV,1957, H.20/21,S.548-555) 2

Siegert,K.: Verwertung rechtmäßiger Tonbandaufnahmen im Strafprozeß. (GAStr.,1957, H.9, S.265-271)

Simson, G.: Die strafrechtliche Behandlung von jungen Rechtsbrechern (über 18 Jahre). (ZStr.,1957, Bd 69, H.1 (Beil.) S.1-6)

Specker,C.: Die Reform des schweizerischen Strafgesetzbuchs. Bericht über eine Tagung der Schweizerischen Kriminalistischen Gesellschaft. (JZ,1957, H.19/20, S.643)

Tacik,G.: Der Fluch der Vorbestraften. (JR,1957,H.9, S.325-328)

Ullrich,W.: Das "größte Verbrechen dieses Jahrhunderts".(Untersuchungshaft) (Krim.,1957, H.11, S.439-440)

Waiblinger,M.: Subjektivismus und Objektivismus in der neueren Lehre und Rechtsprechung vom Versuch. (ZStr.,1957, Bd 69, H.2,S.189-222)

Weber,H.von: Hochverrat und Staatsgefährdung. (MDR, 1957,H.10, S.584-585)

8. Kriminalistik, Gerichtliche Medizin, Gerichtspsychiatrie, -psychologie

Ackermann,H.: Zur Psychologie des Angeklagten im Strafverfahren aus der Sicht des Verteidigers. (Mschr.Krim.,1957,H.5-6, S.129-146)

Bruckmeier,A.: Verhütung von Raubüberfällen auf Geldinstitute. (Krim.,1957, H.10, S.367-368)

Dorsch,A.: Fahndungsmaßnahmen. (Krim.,1957, H.11, S.415-419)

Dürwald,W.: Vier Giftmorde an Patienten, die nach Operationen im Krankenhaus lagen - "Morde zu statistischen Zwecken".(Arch.f.Krim.,1957, Bd 119, H.5/6, S.121-126)

Dvorak,A.: Ermittlung des anonymen Absenders eines Sprengstoffpakets. (Arch.f.Krim.,1957, Bd 119, H.5/6, S.154-160)

Ehrlich,C.: Der Betrüger, sein Handwerkszeug und seine Opfer.(Krim, 1957, H.10, S.365-367)

Förster: Die Zuverlässigkeit des Vaterschaftsausschlusses auf Grund des Rhesus-Blutgruppensystems. (NJW, 1957,H.43, S.1586) 14,15

Frei,M.: Mikrospuren bei Sittlichkeitsdelikten. (Krim.,1957, H.11, S. 428-430)

Heindl,R.: Die Geruchsdiagnose bei der Zyankalivergiftung.(Arch.f.Krim., 1957, Bd 120,H.3/4, S.74-90)

Helbig,H.: Überlegungen zur Auswahl des Sachverständigen im Sinne des § 43 Abs.3 JGG. (NJW, 1957, H.45, S.1665-1667) 7

Janetzke,G.: Die Leichenöffnung. (DRiZ, 1957, H.10, S.232-234)

Lieberz-Wygodzinski,H.: Zur Soziopsychologie des Mordes in Chile. (Mschr.Krim.,1957, H.5-6, S.163-175)

Martin,E.: Abklärung eines Bankbetrugs mit Hilfe der Kriminaltechnik. (Krim.,1957, H.10, S.381-390)

Oehlinger,S.: Ein Tachographen-Blatt entlastet oder belastet beweiskräftig den Autofahrer. (Arch.f.Krim.,1957, Bd 119,H.5/6, S.161-166)

Oehlinger,S.: Der "Tatortphoto-Kompaß". Ein Hilfsmittel zur präzisen Fixierung der Himmelsrichtungen bei photographischen Tatortaufnahmen. (Arch.f.Krim.,1957, Bd 120, H.3/4, S.95-97)

Sachstetter, T.: "Holzfeuchtemesser" als polizeiliches Hilfsmittel. (Krim.,1957, H.11, S.431-432)

Schlegel,W.S.: Justitia, quo vadis? (Betr.konstitutionsmedizin. Expertise) (Krim.,1957, H.10, S.361-364)

Schulz,G.: Leichenzerstückelung in kleinste Fleisch- und Knochenteile. (Arch.f.Krim.,1957, Bd 119, H.5/6, S.145-153)

Specht,W.: Der Nachweis von Zünd- und Brandmitteln. (Arch.f.Krim., 1957, H.3/4, S.88-95)

Stein,E.: Observation reisender Rechtsbrecher? T.1. (Krim.,1957, H.11, S.413-415) 7

Thoma: Die Brandstiftung als sexuelle Triebhandlung.(Arch.f.Krim., 1957, H.3/4, S.85-87)

Weimann,W.: Paralytiker als Mörder. (Arch.f.Krim.,1957,Bd 119,H.3/4, S.67-77)

9.Gerichtsverfassung(einschließlichJustizverwaltung, Staatsanwaltschaft,Notariat und Anwaltschaft)

Duhme; Gay: Die Stellung der Staatsanwaltschaft un der Dreiteilung der Gewalten. (Krim.,1957, H.11, S.440-441)

Giese,F.: Kein Schutz vor widersprechenden höchstgerichtlichen Entscheidungen. (DÖV, 1957,H.20/21, S.556-558)

Katzenstein,D.: Stellungnahme der Bundesrats-Ausschüsse zum Regierungsentwurf eines Deutschen Richtergesetzes. (DRiZ, 1957,H.10,S.234-236)

Müller,G.: Kritische Gedanken zur Forderung nach der Einheit der Rechtspflege. (RdA, 1957,H.9, S.313-317) 4

Reuß, H.: Die Dritte Gewalt. Einheit oder Differenzierung in der Organisation der Rechtspflege? (JR, 1957, H.9, S.321-324)

Reuß,H.: Nachwort zu Düsseldorf.(Justizreform)(DVBl.,1957, H.20, S.697-700)

Ritzmann,G.: Zur Reform der Arbeitsgerichtsbarkeit.(RdA, 1957,H.9, S.320-322) 16

Rumpf,H.: Deutsche Gerichtsbarkeit über Tatbestände mit Besatzungsberührung. (JZ,1957, H.21, S.654-657)

Schewe,D.: Ist eine Vereinheitlichung der Gerichtsbarkeiten verfassungsrechtlich zulässig? (ZSR, 1957,H.9, S.241-246) 4

Schleicher,M.: Die Einheit der rechtsprechendem Gewalt.(DÖV,1957, H.20/21, S.555-556)

Seibert,C.: Der überstimmte Richter. (MDR, 1957,H.10, S.597) 7,15

Siegert,K.: Fehlerhafte Besetzung des Kollegialgerichts nach der Rechtsprechung des Bundesgerichtshofs. (NJW, 1957,H.44, S.1622-1624)

Weber, W.: Zur Problematik des Rechtsprechungsministeriums.(DVBl., 1957, H.21, S.737-740)

10.Zivilrecht

Baumann,J.: Die Rechtswidrigkeit der fahrlässigen Handlung. Bemerkungen zur Sozialadäquanz u.zur Plenarentscheidung des BGH v.4.März 1957. (MDR, 1957,H.11, S.646-648) 7

Bormann: Die Kostenvergleichsmiete. (ZMR, 1957,H.9, S.293-301) 5

Burchardi,H.G.: Gesetzliche Regelung des Abzahlungsgeschäftes in Belgien. (RiW.,1957, H.10, S.202-203)

Felix, G.: Haftung für Schäden an Grundstücken, die infolge der Enttrümmerung des Nachbargrundstücks entstanden.(NJW,1957, H.42,S.1547-1548)

Holtgrave,W.: Neuregelung der Neubaumieten. (B,1957, H.43, S.1039-1044) 6

Lent,F.: Anfechtung wegen Irrtums über die Kreditwürdigkeit des Gemeinschuldners. (JR,1957, H.8, S.284-286) 15

Lewald,P.: Untermietpreise und Erstes Bundesmietengesetz.(ZMR,1957, H.11, S.361-362) 6

Mohrbutter,J.;H.Riedel: Zweifelsfragen zum Erbbaurecht. (NJW,1957, H.41, S.1500-1503)

Neumann-Duesberg,H.: Heimliche Tonbandaufnahmen von Gesprächen über Abwesende. Der Zivilrechtsschutz des Abwesenden. (BB,1957,H.25, S.865-871)

Neumann-Duesberg,H.: Schweigepflicht als Rechtsfolge einer Diskretionsverletzung. (JR, 1957, H.9, S.324-325)

Neumann-Duesberg,H.: Zivil- oder Strafrechtsschutz des Privatlebens gegen Diskretionsverletzungen? (B, 1957, H.36, S.861-864) 7

Ohl,A.: Der Kraftfahrzeugbrief als Kreditsicherungsmittel. (BB, 1957, H.26, S.912-914)

Ostler,F.: Wieder etwas Neues zum alten Abzahlungsgesetz.(JR, 1957, H.7, S.252-255)

Peters,H.: Mietpreiserhöhungen im sozialen Wohnungsbau. (ZMR,1957,H.9, S.289-293) 5

Rieker,K.: Vermögensbildung in der Hand der Arbeitnehmer. (RdA,1957, H.9, S.335-336) 16

Roquette,H.: Freifinanzierte Werkmietwohnungen und Mieterhöhung. (ZMR, 1957,H.9, S.301-303)

Schopp: Vertragsstrafe bei verspäteter Räumung von Wohnungen.(ZMR, 1957, H.10, S.325-327)

Schütz,W.: Auflösende Bedingung in Sicherungsverträgen.(NJW, 1957, H.42, S.1541-1543)

Tiedau,E.: Gesellschaftsrechtliche Nachfolge im Verhältnis zum Erbrecht und zum neuen ehelichen Güterrecht.(MDR, 1957,H.11,S.641-646) 14

Weber,H.: Das Jagdpachtrecht. (NJW,1957, H.41, S.1508-1509) 5

Werhahn,J.W.: Persönlichkeitsrecht und Tonbandproblem.(UFITA, 1957, Bd 24,H.3/4, S.196-211) 4

Westermann H.: Der Großflughafen im Raum und Nachbarrecht,(ZLR,1957, Bd 6,H.4, S.259-286)

11. Urheber- und Erfinderrecht

Dyckerhoff, R.: Ist die unberechtigte Aufforderung zur Unterlassung einer Warenzeichen- oder Patentverletzung ein schadenersatzpflichtiger Eingriff in den Gewerbebetrieb? (WuW, 1957, H.10, S.626-629)

Friedrich, R.: Das neue Gesetz über Arbeitnehmererfindungen. (JZ, 1957, H.22/23, S.696-701) 16

Claessen, H.: Sind Patentgesetz und Rechtsprechung zum Verbot der Doppelpatentierung (§ 4 Abs.2 PatG) noch zeitgemäß? (GRUR, 1957, H.10, S.450-454)

Johannesson, B.: Identität und ausschließliches Benutzungsrecht. (GRUR, 1957, H.10, S.455-462)

Lögdberg, A.: Zur skandinavischen Urheberrechtsreform. (UFITA, 1957, Bd 24, H.3/4, S.167-178)

Riedel, H.: Zum Werk-Begriff im Urheberrecht. (JR, 1957, H.10, S.366-368)

Schuster: Rechtslehre und Rechtsprechung betreffend das Vorpatent. (GRUR, 1957, H.9, S.401-408)

Zeller, O.: Vorpatent und Prüfung einer jüngeren Erfindung. (GRUR, 1957, H.10, S.463-464)

12. Handelsrecht, Wertpapierrecht, Kartell- und Wettbewerbsrecht

Japanische Antimonopolgesetzgebung vor tiefgreifender Änderung. (WuW, 1957, H.9, S.568-569)

Apel, G.: Neufassung des § 89 Aktiengesetz. (Mitbest., 1957, H.5, S.131-134) 16

Auffarth: Die Neuregelung der Beschlußfähigkeit des Aufsichtsrats. (NJW, 1957, H.46, S.1702-1704)

Axster, H.: Das Oligopol im Gesetz gegen Wettbewerbsbeschränkungen. (B, 1957, H.39, S.937-940)

Büntig, H.: Zum Rabattkartell. (WRP, 1957, H.10, S.281-283)

Coper, A.: Der Kartellgesetzentwurf. (JR, 1957, H.6, S.208-211)

Dörinkel, W.: Die Auswirkungen des neuen Kartellrechts auf die wirtschaftliche Praxis. (WuW, 1957, H.10, S.607-620)

Ernst, E.: Der Auskunftsanspruch des Kommanditisten. Erweiterter Auskunftsanspruch im Hinblick auf steuerliche Pflichten und Rechte. (BB, 1957, H.30, S.1047-1051) 6

Ewald, H.: Kontrahierungszwang für preisbindende Hersteller von Markenartikeln? (WRP, 1957, H.9, S.252-253)

Fitting, K.: Das Gesetz zur Änderung von Vorschriften des Aktienrechts und des Mitbestimmungsrechts. (Betr.Verf., 1957, H.7, S.121-127) 16.

Röhl, C.: Nachwort zu einem überflüssigen Gesetz.(Kartellgesetz) (Mbl.freiheitl.Wipol.,1957, H.8, S.468-475)

Friedlaender,H.: Das Gesetz gegen Wettbewerbsbeschränkungen.(JZ,1957, H.21, S.649-653)

Gamm,von: Der Verwässerungsschutz der berühmten Marke. (WRP,1957, H.9, S.249-251) 10,11

Georgakopoulos,L.N.: Zur Problematik der Wandelschuldverschreibungen. (ZHK, 1957, H.3/4, S.84-182)

Günther,E.: Das neue Kartellgesetz und seine Auswirkungen auf die Unternehmer. (WuW, 1957, H.11, S.677-695)

Hamann, A.: Wirtschaftswerbung im Rundfunk und Fernsehen. Zugleich ein Beitrag zur Problematik der erwerbswirtschaftlichen Betätigung der öffentlichen Hand. (NJW, 1957, H.39, S.1422-1425) 5

Hans, W.: Die Provision des Handelsvertreters - insbesondere des Versicherungsvertreters - bei Nichtausführung des vermittelten Geschäftes. (BB, 1957, H.30, S.1060-1061)

Heim,W.: Haftung des Luftfrachtführers für verspätete Auslieferung. (JR, 1957, H.10,S.375-376)

Kahler, L.: Das Gesetz gegen Wettbewerbsbeschränkungen und die freiheitliche demokratische Grundordnung. (DJ, 1957, H.5, S.179-187).

Klinger, K.: Zur Berechnung des Ausgleichsanspruchs der Handelsvertreter. (B, 1957,H.39, S.925-927)

Muß das Konzernrecht verbessert werden? (AG.,1957, H.19, S.628-630)

Kronstein,H.: Die Entscheidung des amerikanischen Obersten Bundesgerichtes im Du-Pont/General Motors-Fall. (Betr.Autitrustrecht) (RiW.,1957, H.10, S.193-196)

Kühne,K.: Kartellgesetz und Wettbewerb. (Gew.Mon.H.,1957, H.9, S,529-536)

Lieberknecht, O.: Verträge über gewerbliche Schutzrechte und sonstige technische Leistungen nach §§ 20,21, Gesetz gegen Wettbewerbsbeschränkungen. (B, 1957, H.42, S.1011-1016) 11

Lietzmann,H.: Wettbewerbsregeln des Montanvertrages und nationales Kartellrecht. (WuW,1957, H.10, S.642-648) 18

Linhard, H.;G.Stöhr: Zulässigkeit vertikaler Wettbewerbsbeschränkungen nach dem Gesetz gegen Wettbewerbsbeschränkungen. (BB,1957, H.29, S.1021-1024)

Nerreter,P.: Wettbewerbsrechtlicher Schutz technischer und ästhetischer Arbeitsergebnisse. (GRUR, 1957, H.9,S.408-418) 11

Neuburger,A.: Das Auskunftsrecht des Aktionärs. (BB,1957, H.30,S.1045-1047)

Neumann,E.: Ansprüche auf Konzernrabatte und Kartellrecht.(WuW,1957, H.9, S.562-565)

Pfanner,K.: Der gewerbliche Rechtsschutz im Euratomvertrag.(NJW, 1957, H.40, S.1460-1462) 3

Reimann,G.: Wettbewerb und "gute Sitten". (WuW,1957, H.10,S.621-626)

Schmitz,W.: Um die künftige Gestaltung des österreichischen Kartellrechts. (WuW,1957, H.11, S.695-712)

Schmitz,W.G.: Das Gesetz gegen Wettbewerbsbeschränkungen und seine Konzeption. (NJW, 1957, H.46, S.1704-1707)

Schönherr,F.: Wettbewerbs- und Markenrecht in Österreich.(WRP, 1957, H.10, S.285-287)

Scholten,S.: Der Grad der Kapitalverflechtung in Deutschland.(WuW, 1957, H.9, S.557-561)

Schuler: Die Firma im Prozeß und in der Vollstreckung. (NJW,1957,H.42, S.1537-1541) 15

Seydel,H.: Empfehlungen nach dem Gesetz gegen Wettbewerbsbeschränkungen. (WRP, 1957, H.9, S.254-256) 7

Sölter,A.: Das Rabattkartell im Gesetz gegen Wettbewerbsbeschränkungen. (B, 1957,H.37, S.887-891; H.38, S.913-915)

Spengler,A.: Die Ausschaltung von Handelsstufen als ein Problem des Wettbewerbsrechts? (WuW,1957, H.9, S.539-556)

Volksaktien-Gesetzentwurf wieder aktuell. (AG,1957, H.19, S.630-632)

Würdinger,H.: Konzernrechtliche Abhängigkeit und Haftung der Konzernleitung. Schutz der Minderheiten im Konzernrecht. (B, 1957, H.40, S.961-964)

13.Landwirtschaftsrecht

Foag, A.: Die Ausübung altrechtlicher Fahrtrechte mit Zugmaschinen. (RdL, 1957, H.11, S.285-286)

Lange,R.: Über den Einfluß des Gleichberechtigungsgesetzes auf die Höfeordnung (frühere Brit.Zone). (NJW,1957, H.41, S.1503-1506) 14

Piepenbrock:Die Rechtsprechung des Bundesgerichtshofs in Landwirtschaftssachen. (DRiZ,1957, H.11, S.254-256)

Wiethaup:Rechtsfragen zur Ansiedlungsgenehmigung. (RdL, 1957,H.10, S.257-259)

14.Familienrecht

Braga,S.: Das "ehegüterrechtliche Erbrecht" des überlebenden Ehegatten. (FamRZ,1957, H.10/11, S.334-342) 10

Finke, F.J.: Erläuterungen zum Gleichberechtigungsgesetz. T.3 (MDR.,1957, H.10, S.577-583)

Müller-Freienfels,W.: Kernfragen des Gleichberechtigungsgesetzes. (JZ, 1957, H.22/23, S.685-696) 4

Schrade,W.: Die Grundzüge des Verwandten-Unterhalts nach dem Inkrafttreten des Gleichberechtigungsgesetzes. (FamRZ, 1957, H.10/11,S.342-349)

Weimar, W.: Der gesetzliche Güterstand der Zugewinn-Gemeinschaft. (SKV, 1957,H.11, S.258-260)

Ziege,H.J.: Zur Auslegung des § 1369 BGB n.F. (NJW,1957,H.43,S.1579-1581)

15.Zivilprozeß und Freiwillige Gerichtsbarkeit

Dulige,I.: Haftbefehl und Eintragung im Schuldnerverzeichnis. (ZZP, 1957,Bd 70,H.4/5, S.317-326)

Dunz,W.;Koebel: Zur Praxis des unbezifferten Leistungsantrags.(Mit Schlußwort) (NJW, 1957,H.45, S.1661-1662) 10

Furtner,G.: Ist im Verfahren der freiwilligen Gerichtsbarkeit bei Fehlen der Beschwerdeberechtigung das Rechtsmittel unzulässig oder unbegründet? (JZ,1957, H.22/23, S.706-707)

Furtner,G.: Zwangsvollstreckung in Grundstücksmiteigentum. (NJW,1957, H.44, S.1620-1622) 10

Göppinger,H.: Die Erledigung des Rechtsstreites in der Hauptsache nach österreichischem und schweizerischem Recht, rechtsvergleichende Betrachtungen. (ZZP, 1957,Bd 70, H.4/5, S.304-317)

Mager, H.: Darf der Gerichtsvollzieher einen ihm vom Schuldner angebotenen Scheck annehmen? (NJW, 1957, H.42, S.1546-1547)

Keidel,T.: Die neue Gesetzgebung zur Freiwilligen Gerichtsbarkeit. (JZ, 1957,H.19/20, S.607-613)

Rosenberg,L.: Über die Zulässigkeit des ordentlichen Rechtsweges gegen wirtschaftliche Werbemaßnahmen des Bayerischen Rundfunks. (ZZP, 1957,Bd 70, H.4/5, S.285-296) 5,9

Schneider,E.: Die Bedeutung der Beweislast für die Relationstechnik. (JZ, 1957,H.19/20, S.617-622)

Schultz,G.: Blick in die Zeit. (Betr.: Protokollführung) (MDR,1957, H.11, S.654-656) 7

Schumacher,A.: Vollstreckungsbedenken gegen Bruttolohnurteile. (ZZP,1957, Bd 70, H.4/5, S.300-303) 16

Stehle: Bleiben Lohnpfändungen bei Arbeitern in Zukunft fruchtlos? (NJW, 1957,H.40, S.1467-1468)

16.Arbeitsrecht und Arbeitsgerichtliches Verfahren

Becker, W.: Jugendarbeitsschutz im Seemannsgesetz.(RdJ, 1957,H.21, S.323-326)

Beer,H.: Der Kündigungsschutz nach § 2 Arbeitsplatzschutzgesetz. (ArbuR, 1957, H.10, S.303-306) 4

Beer,H.: Die Rechtsnatur der Arbeitsbescheinigung nach § 174 AVAVG. (B, 1957, H.43, S.1049-1050)

Bötticher,E.: Der Ansatz des Gleichbehandlungsanspruchs im Arbeitsrecht. (RdA, 1957, H.9, S.317-319)

Bremer, R.: Die Landwirtschaft im Schatten der Lohnpolitik.(AG, 1957, H.19, S.650-653)

Bulla: Der Hausarbeitstag bei Verkürzung oder Verlegung der Wochenarbeitszeit. (BB, 1957, H.30, S.1076-1079)

Butz,H.H.: Rechtsprechung des Bundesarbeitsgerichts zum Hausarbeitstag. (B, 1957,H.39 (Beil.), S.1-6)

Clegg,H.: Mitbestimmung und gewerkschaftliche Macht. Eine brit.Stellungnahme zum dt.Mitbestimmungsrecht. (Gew.Mon.H.,1957, H.10, S.615-622) 1

Diekhoff,L.: Umstrittene Fragen aus dem Gesetz zur Verbesserung der wirtschaftlichen Sicherung der Arbeiter im Krankheitsfalle. (ArbuR, 1957, H.10, S.297-302) 17

Dirks,W.: Die freie Zeit. (Gew.Mon.H.,1957, H.8, S.451-462) 1

Ebeling, F.: Die Neuordnung der betrieblichen Altersversorgung. (ASP, 1957, H.10, S.290-292) 17

Frey,E.: Der arbeitsrechtliche Ausgleichsanspruch. (ArbuR, 1957,H.9, S.267-270)

Gift: Zur Berechnung des Arbeitgeberzuschusses im Krankheitsfalle der Arbeitnehmer. (B, 1957, H.38,S.921-922)

Graf,O.: Die arbeitsgebundene Freizeit. (Gew.Mon.H.,1957, H.8, S.490-492)

Heinrichsbauer, J.: Problematischer Lohnvergleich. Die sozialpolitischen Verhältnisse im Gemeinsamen Markt. (ZV u.ZV,1957, H.19,S.644-647) 3

Heissmann,E.: Aus der Rechtsprechung des Bundesarbeitsgerichts zu den betrieblichen Ruhegeldverpflichtungen. (ArbuR, 1957, H.10, S.292-297)

Heissmann,E.: Anpassung betrieblicher Ruhegeldverpflichtungen an die erhögten Sozialrenten. (BB,1957, H.25, S.895-899) 17

Herold,G.: Der Anspruch des jugendlichen Arbeitnehmers auf Erholungsurlaub. (RdJ, 1957, H.21, S.321-323)

Hoffmann,E.: Über den Rechtscharakter des Lehrverhältnisses. (AG,1957, H.19, S.662-667)

Honsberg,D.: Die Arbeitskarte der Montanunion. (Soz.Sicherh.,1957, H.10, S.298-301) 3

Huber,H.: Problem Halbtagsarbeit als Forschungsauftrag. (ZSR, 1957, H.9, S.252-254)

Jadeson,S.: Vom internationalen zum Weltarbeitsrecht.(RdA, 1957, H.10, S.376-380) 3

Jaerisch: Aus der neueren Rechtsprechung des Bundesarbeitsgerichts. (JR, 1957, H.6, S.212-217; H.9, S.333-336; H.10, S.371-373)

Joachim,H.G.: Kann die Änderung des Arbeitsvertrages auch durch eine Teilkündigung erfolgen? (RdA, 1957,H.9, S.326-329)

Klingelhöfer: Betriebliche Bußen. (Mitbest.,1957, H.5, S.146-151)

Leser,H.: Zum Begriff der "leitenden Angestellten" nach der Rentenreform. (B,1957, H.44, S.1073-1075) 17

Lobeck,M.: Tarifpolitik und Tarifautonomie. (RdA, 1957, H.9, S.338-339)

Lohbeck, E.: Betriebsrat und Unfallschutz. (Soz.Sicherh.,1957,H.8, S.227-229)

Die Lohnfortzahlung im Krankheitsfalle. Ein Überblick über die historische Entwicklung u.die neue Gesetzgebung. (ASP, 1957, H.9,S.249-252) 17

Meinert,H.: Einstellungen und Entlassungen von Schwerbeschädigten bei kurzfristigen Arbeitsverhältnissen. (AG, 1957,H.20, S.704-705)

Meissinger,H.: "Miteigentum" in arbeitsrechtlicher Sicht. (Betr.Verf.,1957, H.8, S.141-147) 10

Mohnen,H.: Nachwirkungen des Arbeitsverhältnisses. (RdA, 1957, H.10, S.361-368)

Molitor,B.: Betrieb und Freizeit. (Gew.Mon.H.,1957, H.8, S.489-490)

Monjau,H.: Bezieht sich der Kündigungsschutz auf Betriebe oder Unternehmen? (Betr.Verf.,1957, H.8, S.148-151)

Neumann,D.: Auskunftspflicht des Arbeitgebers. (B,1957, H.36,S.868-869)

Oehmann,W.: Urlaub im Konkurs des Arbeitgebers. (B, 1957, H.39, S.946)

Osthold,P.: Zu Besuch in Schweden, T.2. (Arbeits-u.Sozialrecht) (AG.,1957, H.19, S.643-650) 17

Poelmann,F.: Gibt es im arbeitsgerichtlichen Verfahren eine außerordentliche Frist für die Einlegung des Einspruchs gegen ein Versäumnisurteil? (ArbuR, 1957, H.9, S.270-273)

Radke,O.: Kündigung einer Betriebsvereinbarung. (BB,1957, H.26,S.927-928)

Radke,O.: Nochmals: Rechtsbeziehungen zwischen einer Tarifvertragspartei und den Mitgliedern der gegnerischen Tarifvertragspartei. (ArbuR, 1957, H.9, S.257-263)

Rehhahn,H.: Tariflohn und Wirtschaftsschwankungen. (Gew.Mon.H., 1957, H.10, S.584-590)

Rewolle,H.D.: Können die Arbeitsgerichtsbehörden auf Auflösung des Arbeitsverhältnisses ohne Abfindung erkennen? (B, 1957,H.40, S.969-970)

Rewolle,H.D.: Arbeitsplatzschutzgesetz. (Betr.Verf.,1957, H.7, S.127-131) 4

Rewolle,H.D.: Der Beteiligte im Beschlußverfahren ist weder Partei noch Zeuge. (§ 83 ArbGG) (ArbuR, 1957, H.9, S.273-276)

Rößler,W.: Die Kündigung und der Grundsatz der Gleichbehandlung im Arbeitsrecht. (B, 1957, H.41, S.992-993)

Rothe,H.: Der Urlaubsanspruch bei Betriebsferien. (B,1957, H.37, S.897-898)

Rowedder, H.: Die Herabsetzung betrieblicher Ruhegelder bei Unterstützungskassen aus Anlaß der Rentenreform. (BB,1957,H.29,S.1041-1044) 17

Rudolph,P.: Zur Sitzungsniederschrift im arbeitsgerichtlichen Verfahren. (RdA, 1957, H.9, S.336-338)

Salzmann,W.: Der gefragte Kumpel. (Entlohnung) (Mbl.freiheitl.Wipol., 1957, H.8, S.476-479)

Schelp,G.: Allgemeine arbeitsrechtliche Betrachtungen zum neuen Seemannsgesetz. (BB, 1957, H.27,S.968-971)

Schelp,G.: Aus der Rechtsprechung des Bundesarbeitsgerichts. (MDR, 1957,H.10, S.592-594)

Schmelzer,O.;E.Heimann: Bundestarifvertrag und Landesgesetz.(RdA, 1957, H.9, S.339-342)

Schmidt,K.H.: Zum Recht des Bergmannsversorgungsscheins und zum Schwerbeschädigtenrecht.(ArbuR, 1957,H.9, S.263-267) 17

Schregle,J.: Ausländische Arbeitsgesetzgebung. 4.F.(Argentinien, Bolivien,Brasilien,Chile,Dominikanische Republik, Ekuador, El Salvador, Guatemala, Honduras, Kanada) (RdA,1957, H.9, S.346-348; H.10, S.389-390)

Seib,F.G.: Die 40.internationale Arbeitskonferenz.(ZSR, 1957,H.9, S.262-264) 3

Siemer,J.: Die Automation und der arbeitende Mensch. (Soz.Sicherh., 1957,H.8, S.229-231)

Stahl,E.: Sozialrechtliche Auswirkungen des Lohnausgleichs. (Soz.Sicherh.,1957, H.8, S.225-227)

Teilzeitarbeit für Frauen. (RdA, 1957, H.10, S.384)

Thiele,W.: Kollektives Arbeitsrecht. (ArbuR, 1957, H.10, S.289-292)

Trieschmann,G.: Das neue Seemannsgesetz. (B, 1957, H.38, S.920-921)

Trinkhaus: Lohnfortzahlung für Arbeiter im Krankheitsfalle. (Fortsetzung und Schluß)(ZSR, 1957, H.8, S.228-230) 17

Trinkhaus,H.: Das Seemannsgesetz. (RdA, 1957, H.10, S.368-376)

Walter,B.: Der Begriff des leitenden Angestellten nach der Rentenreform. (BB, 1957, H.26, S.932-934) 17

17. Sozialrecht, Sozialgerichtsbarkeit und Verfahren

Beck,M.: Rentenabfindungen und Beitragserstattungen. (Soz.Sicherh., 1957, H.8, S.244-247)

Benner,W.: Krankenversicherung bei Beschäftigung im Ausland unter Berücksichtigung der Sozialversicherungsabkommen. (RiW.,1957,H.10, S.197-200) 3

Bergmann,T.: Ländliche Sozialpolitik im internationalen Vergleich. (ZSR, 1957, H.8, S.230-233)

Erdmann,D.: Arbeitslosenversicherungspflicht nach der Novelle zum AVAVG. (Soz.Sicherh.,1957, H.8, S.235-237)

Erdmann,E.G.: Die Angleichung des Sozialrechts in der Europäischen Wirtschaftsgemeinschaft. (EWG) (ZV u.ZV 1957, H.19, S.648-653) 3

Günther,K.: Schutz dem guten Glauben älterer arbeitsloser Frauen. (Soz.Sicherh.,1957, H.10, S.293-295)

Gura,K.: Familienkrankenhilfe. (Soz.Sicherh.,1957,H.8, S.237-238 u. 243)

Haueisen: Die Verpflichtungsklage und ihre Bedeutung für Streitigkeiten aus dem Bereich der Leistungsverwaltung. Unter bes.Berücksichtigung des sozialgerichtl.Verfahrens. (NJW, 1957, H.45, S.1657-1661) 5

Koch,H.H.: Die neuen Geldleistungen in der Unfallversicherung. (ZSR, 1957,H.8, S.220-222)

Kossow,W.: Versagung des Kranken- oder Hausgeldes und Wegfall des Anspruches auf Krankengeldzuschuß.(BB,1957, H.26, S.934-935) 16

Lange,E.: Zur Frage der Altersversorgung der freien Berufe.(ASP,1957, H.10, S.294-296)

Leder,H.: Berücksichtigung von Abfindungen bei der Gewährung von Arbeitslosengeld. (RdA, 1957,H.9, S.322-326) 16

Ludwig,K.: Rentenversicherung und Wiedergutmachung. (Soz.Sicherh., 1957, H.10, S.303-305) 5

Martens: Eidesstattliche Versicherungen in der Sozialversicherung, Versorgung und Sozialgerichtsbarkeit. (NJW, 1957, H.45, S.1663-1665)

Mellwitz,A.: Das Verfahrensrecht der Sozialgerichtsbarkeit in der Rechtsprechung des Bundessozialgerichts. (JR,1957, H.8, S.286-293)

Morsey,F.: Die besondere Bedeutung des § 391 RVO. (Krankenversicherung - Beitragserhöhungen) (Soz.Sicherh.,1957, H.9, S.267-268)

Morsey,F.: Die Krankenkassen und das Körperbehindertengesetz.(ASP, 1957, H.10, S.296-297)

Nettekoven,H.: Ein Anpassungsgesetz.(Betr.AVO und AVG)(Soz.Sicherh., 1957, H.9, S.261-263)

Nowack,K.: Gleichberechtigung auch im Sozialrecht! (Soz.Sicherh.,1957, H.10, S.314-316)

Odendahl,W.: Muß oder kann die Aufsichtsbehörde an den Sitzungen der Selbstverwaltungsorgane der Krankenkassen teilnehmen? (ZSR, 1957, H.8 (Beil.), S.37-38) 5

Oel,A.: Berufsausbildung im Rahmen der Fürsorge. (Soz.Sicherh.,1957, H.8, S.232-233) 16

Rohwer-Kahlmann: Gesetz über eine Altershilfe für Landwirte.(ZSR,1957, H.8, S.239)

Rohwer-Kahlmann,H.: Sozialplan für Deutschland. (SPD) (Soz.Sicherh., 1957, H.10, S.289-293)

Schaefer,R.: Kindergeldgesetzgebung und Grundgesetz. (FamRZ, 1957, H.10/11, S.353-356) 4

Schieckel: Quo vadis? Eine Betrachtung zu dem Problem der Versicherung gegen Arbeitslosigkeit. (ZSR, 1957, H.8, S.217-220)

Schneider,F.: Die Beteiligung der Versicherten an den Krankenpflegekosten. (Soz.Sicherh.,1957, H.9, S.284-285)

Seiler: Die neuen Rentengesetze und die Versicherungsbehörden. T.2. (ZSR, 1957, H.8 (Beil.), S.38-39)

Die Sozialpolitik im neuen Bundestag. (ASP, 1957,H.10, S.277-281) 16

Französische Sozialversicherungsprobleme.(AG, 1957, H.20, S.690-692)

Vollmar,K.: Geldleistungen der gesetzlichen Unfallversicherung und Kindergelder erhöht. (Soz.Sicherh.,1957, H.9, S.269-271)

Wahl,G.: Auf dem Wege zum sozialen Rechtsstaat. (ZSR, 1957,H.8,S.222-226)

Zewe,H.: Die Ruhenvorschriften nach den Rentenreformgesetzen. (Soz.Sicherh.,1957, H.9, S.258-261)

18. Internationales Privatrecht

Abraham, H.J.: W.Haustein;W.Pschirrer, Internationales Eisenbahnrecht. Quellensammlung. Frankfurt/M.1956. 2 Bde. 1691 S.(Rez.) (ZHK, 1957, Bd 120, H.3/4, S.183) 3,5

Czapski,G.;W.Baade: Wohnsitz und Staatsangehörigkeit nach holländischem Erbstatut. (NJW, 1957, H.39, S.1425-1426)

Forstmann,A.: Auslandsvermögen - ein volks- und weltwirtschaftliches Problem. (SCHM.JB.,1957, H.5, S.61-74)

Meyer,A.: Stellungnahme des Instituts für Luftrecht der Universität Köln zu dem in Madrid (April 1957) von dem Unterausschuß des "Legal Committee" der ICAO ausgearbeiteten Entwurf betr.ein Abkommen über Miete,Charter,Austausch von Luftfahrzeugen.(Juni 1957).(Dt.u.engl. Text) (ZLR,1957,Bd 6,H.4, S.325-333)

Sandrock,O.: Bulow-Arnold, Der Internationale Rechtsverkehr in Zivil- und Handelssachen: München,Berlin 1955,1957. 256 S.u.344 S. (Rez.) (ZHK, 1957, Bd 120,H.3/4, S.185-186)

Schröder:Handelsvertreterverträge mit Vertretern im Ausland.(RiW, 1957, H.9, S.175-179)

Seidl-Hohenveldern,I.: Territoriale Begrenzung ausländischer Eingriffe in deutsches Vermögen nach dem Überleitungsvertrag.(RiW,1957,H.9, S.179-182) 3

Stein,H.: J.C.Schultsz, Eigendomsverkrijging bij koop van roerende goederen in het Westeuropees international privaatrecht. 's-Gravenhage 1955, 340 S. (Rez.)(ZHK,1957, Bd 120,H.3/4,S.188-190)

Internationale Tagungen auf dem Gebiete des Luftrechts und der Luftfahrt. (ZLR, 1957, Bd 6,H.4, S.295-324) 3

Weitnauer,H.: Der deutsch-österreichische Vermögensvertrag. (B,1957, H.36 (Beil.), S.1-6) 3

19.Juristische Ausbildungs-und Prüfungsfragen

Menze,H.: Das überflüssige Wirtschafts-Referendariat. (Mbl.freiheitl. Wipol.,1957, H.10, S.615-616)

Röder,K.: Wirtschaftsreferendare an die Front! (Mbl.freiheitl.Wipol., 1957, H.8, S.480-482)

20.Sonstiges

Dehm, W.: Die Gesetzgebung des zweiten Deutschen Bundestages 1953-1957.(JZ, 1957, H.21, S.675-681)

Deutscher Juristentag 1957. (Bericht) (RdA, 1957,H.10,S.380-383)

42. Deutscher Juristentag. (Bericht) (NJW, 1957, H.41, S.1509-1512)

Der 42. Deutsche Juristentag. (Bericht) (JZ, 1957, H.22/23, S.725-733)

42. Deutscher Juristentag. (ArbuR, 1957,H.10, S.306)

Galle: Landesbericht Bremen. (Rechtsentwicklung) (DÖV,1957, H.29, S.804-806)

Glatz: Die Entwicklung des öffentlichen Rechts in Hamburg im ersten Halbjahr 1957. (DVBl.,1957, H.19, S.678-681)

Herderhorst: Die Entwicklung des öffentlichen Rechts in Bremen im ersten Halbjahr 1957,(DVBl.,1957, H.22, S.784-786)

Hoffmann,W.: Die Entwicklung des öffentlichen Rechts in Hessen im ersten Halbjahr 1957. (DVBl.,1957, H.20, S.717-721)

Verzeichnis der Schriften von Eduard Kern. (GAStr, 1957, H.10/11, S.383-395)

Kreutzer: Landesbericht Berlin.(Rechtsentwicklung) (DOV, 1957, H.28, S.775-778)

Müller,H.H.: Die Entwicklung des öffentlichen Rechts im Saarland. (DVBl.,1957, H.17, S.609-611)

Nehlert,G.: Mitteilungen aus der Berliner Justiz und Rechtsanwaltschaft. Jahresbericht der Senatsverwaltung für Justiz für das Jahr 1956. (Schluß) (JR, 1957,H.8, S.318-320)

Reuß,H.: Der 42. Deutsche Juristentag in Düsseldorf. (DÖV,1957,H.28, S.772-775)

Schölz: Der 42. Deutsche Juristentag.(Mit Beschlüssen)(DRiZ, 1957, H.10, S.238-239)

Schoeneberger, A.: Die Entwicklung des öffentlichen Rechts in Rheinland-Pfalz im ersten Halbjahr 1957. (DVBl.,1957, H.18, S.639-641)

Sieveking,F.B.: Der 42. Deutsche Juristentag. (Bericht)(MDR,1957,H.11, S.656-657)

Spiegel,O.von: Landesbericht Nordrhein-Westfalen.(Rechtsentwicklung) (DÖV.,1957, H.29, S.801-804)

Thierfelder,H.: Die Entwicklung des öffentlichen Rechts im Lande Baden-Württemberg im ersten Halbjahr 1957. (DVBl.,1957,H.21,S.748-750)

Tietgen:Der 42. Deutsche Juristentag in Düsseldorf, 12.bis 14. September 1957. (DVBl.,1957, H.20, S.713-717) 9

C.15.(25.) V E R Z E I C H N I S D E R N E U E R W E R - B U N G E N D E R B I B L I O T H E K D E S D E U T - S C H E N I N S T I T U T S F Ü R R E C H T S W I S S E N - S C H A F T 1)

1.ALLGEMEINES

1.Allgemeine und bibliographische Nachschlagewerke, Wörterbücher, Buch- und Bibliothekswesen

Bibliographie der schweizerischen Amtsdruckschriften. Bibliographie des publications officielles suisses. Bearb.von A.Dormond. Bd 10. 1955. Bern 1956. 98 S. V Ea 18815

Anwaltsverzeichnis. Verz.d.im Bundesgebiet, in Berlin u.d.Saargebiet zugelassenen Rechtsanwälte u.d.Notare, zugl.Verz.d.Mitglieder d.Dt.Anwaltvereins e.V. Verz.d.Gerichte. Hrsg.: Dt.Anwaltverein e.V.in Zsarb.mit d.Hans-Soldan-Stiftg. Stand 1.Jan 1956. Essen 1956. 722 S. II Ea 19114

Fundstellenverzeichnis für das Außenwirtschaftsrecht in ABC-Folge nach d.Stande vom 15.Jan.1956. Köln 1956. LXX S. II Ea 19207

BGH-Index für Zivil-und Strafsachen. Verz.d.veröff.Entscheidungen d.Bundesgerichtshofes mit d.Fundstellen in d.großen jurist.Zss. 2.Aufl. Stand Dez.1956. München,Berlin 1957. 91 S. II Ea 18944

United Nations Haedquarters Library. A Bibliography of the Charter of the United Nations. Bibliographie de la Charte des Nations Unies. Den Haag 1955. 128 S. V Eb 464

Colliard,C.A.: Institutions internationales. Paris 1956. 526 S. V Ea 19056

Deutscher Bundestag. 3.Wahlperiode. Alphabetisches Verzeichnis der Mitglieder des Bundestages. Stand: 30.Okt.1957. Bonn 1957. 60 S. II Ea 20118

Gittig,H.: Clara Zetkin. Eine Auswahlbibl. d.Schriften von u. über Clara Zetkin. Berlin 1957. 51 S. I Ea 18534

Hertel,G.: Inhaltsvergleichsregister der Marx-Engels-Gesamtausgaber. Berlin 1957. 295 S. V Ea 18653

1) Die hier angezeigte Literatur ist gemäß der Benutzungsordnung der Bibliothek des Deutschen Instituts für Rechtswissenschaft, für die Mitglieder des Deutschen Instituts für Rechtswissenschaft, Ministerien und zentrale Institutionen der Deutschen Demokratischen Republik und nach der Leihverkehrsordnung der Bibliotheken ausleihfähig.-Verzeichnis 1-10 ist enthalten im Mitteilungsblatt des Deutschen Instituts für Rechtswissenschaft 1953, Nr 1-1955, Nr 3.

Publications of the International Labour Office 1944-1955.
Genf 1956. 48 S. V Ea 16961

Klevenskij, M.M.: Geschichte der Staatlichen Leninbibliothek der UdSSR. Bd 1. Leipzig 1955. 158 S. I Ea 19192

(Die Länder des Sozialismus und Kapitalismus in Zahlen, russ.:)
Strany socializma i kapitalizma v cifrach. Moskau 1957. 122 S.
III Ea 18967

Literatur-Verzeichnis der politischen Wissenschaften 1956. Hrsg.: Hochschule f.Polit. Wissenschaften München. München 1956. 245 S.
II Ea 19184

Bibliography on public administration in Latin America.
Washington 1954. 115 S. V Eb 471

Sächsische Akademie der Wissenschaften zu Leipzig. Verfasser-und Sachregister 1896-1948 der Abhandlungen und Berichte. Philol.-hist. Klasse. Bearb.: A.Plott. Berlin 1957. 46 S. I Ea 18839

Schötzau,R.;H.Gittig: Die Grosse Sozialistische Oktoberrevolution. Eine Auswahlbibliographie. Berlin 1957. 88 S. I Ea 18739

Die sowjetische Massenbibliothek. 2 Beitr. (Aus d.Russ.übers.)
Leipzig 1954. 294 S. I Ea 19198

Stelling-Michaud, S.: Catalogue des manuscrits juridiques < Droit canon et droit romain > de la fin du XII ^{e} au XIV ^{e} siècle conservés en Suisse. Genf 1954. 128 S. V Eb 477

Tulatz,H.A.;H.Raspini: ABC des Gewerkschafters. Köln 1957.
209 S. II Ea 19110

Die UdSSR in Zahlen. Statist. Sammelwerk. Hrsg.Statist.Zentralverwaltung beim Ministerrat d.UdSSR. (Aus d.Russ.übers.)
Berlin 1956. 269 S. I Ea 19034

Villa,M.de la; J.L.Zambrano: (Gesamtbibliographie des mexikanischen Rechts, span.:) Bibliografia sumaria de derecho mexicano.
Mexiko 1957. 200 S. V Ea 16796

Handbuch der Volkskammer der Deutschen Demokratischen Republik.
2.verb.Aufl. Berlin 1957. 536 S. I Ea 18717

Zürcher Universitätsschriften aus dem Zivilprozess, dem internationalen Privatrecht und der Rechtsvergleichung aus den Jahren 1921-1952. Gesammelt u.hrsg.von H.Fritzsche, M.Guldener; W.Niederer.
Zürich 1952. 28 S. V Ea 20148

2.Biographien

Joho, W.: Traum von der Gerechtigkeit. Die Lebensgeschichte d.Handwerksgesellen, Rebellen u.Propheten Wilhelm Weitling.
Berlin 1956. 153 S. I Ea 18907

Itenberg, B.S.;A.Ja.Černjak: (Alexander Uljanow, russ.:)
Aleksandr Ul'janov. < 1866-1887.> Moskau 1957. 70 S. III Ea 18681

Pianzola, M.: Lenin in der Schweiz.(Aus d.Französ.übers.)
Berlin 1956. 157 S. I Ea 18996

Radbruch,G.: Paul Johann Anselm Feuerbach. Ein Juristenleben. 2.Aufl. hrsg.von E.Wolf. Göttingen 1957. 248 S. II Ea 18801

3.Philosophie

Asmus, B.F.: (Der Philosoph Immanuel Kant, russ.:) Filosofija Immanuila Kanta. Moskau 1957. 80 S. III Ea 20092

Baumgarten, A.: Bemerkungen zur Erkenntnistheorie des dialektischen und historischen Materialismus. Berlin 1957. 181 S. I Ea 18903

Engels,F.;P.et L.Lafargue: Correspondance. Textes recueillis,annotés et présentés par E.Bottigelli. Trad.de l'anglais par P.Meier. T.1.2. Paris 1956. T.1: 430 S. T.2: 462 S. V Ea 18770

Goričar,J.: (Einführung in die Gesellschaftswissenschaften,T.1.2, slowen.:) Uvod v družbene vede. D.1.2. Ljubljana 1953-1954. D.1: 1953. 127 S.-D.2: 1954. 150 S. IV Ea 15601

Gropp,R.O.: Der dialektische Materialismus. Kurzer Abriss. Leipzig 1957. 96 S. I Ea 19163

Hoff,H.: Lehrbuch der Psychiatrie. Verhütg, Prognostik u. Behandlg d.geistigen u.seel.Erkrankungen. Bd 1.2. Basel,Stuttgart 1956. Bd 1: 533 S. Bd 2: S.538-922. V Ea 18894

Akademija nauk SSSR, Institut filosofii. (Der moderne subjektive Idealismus. Krit.Skizzen, russ.:) Sovremennyj sub'ektivnyj idealizm. Krit.ocerki. Moskau 1957. 525 S. III Ea 18850

Martin,A.von: Ordnung und Freiheit. Materialien u.Reflexionen zu Grundfragen d.Soziallebens. Frankfurt/M. 1956. 345 S. II Ea 19066

Martin,W.: Die geistigen Aufgaben unseres Atomzeitalters. Ein Beitr.zur Neuorientierung d.westl.Welt. Bietigheim/Württ. 1956. 17 S. II Ea 19133

Plechanow,G.W.: Beiträge zur Geschichte des Materialismus. Holbach, Helvetius, Marx. Berlin 1957. 220 S. I Ea 18807

Tillich, P.: Die Philosophie der Macht. 2 Vortr.,geh.an d.Hochschule f.Politik Berlin. Berlin 1956. 35 S. II Ea 17695

Wells, H.K.: Der Pragmatismus - eine Philosophie des Imperialismus. (Aus d.Engl.übers.) Berlin 1957. 279 S. I Ea 18835

4.Wirtschaftswissenschaft

Barocka,E.: Investment-Sparen und Investment-Gesellschaften. Eine volkswirtschaftl.u.rechtspolit. Betrachtg. Stuttgart 1956. 169 S. II Ea 19127

Baskin,V.S.: (Die Erdölmonopole im Nahen und Mittleren Osten, russ.:) Neftjanye monopoli na Bližmem i Srednem Vostocke. Moskau 1957. 179 S. III Ea 18875

Bregel,E.J.: Banken und Kredit im Kapitalismus. (Aus d.Russ.übers.) Berlin 1957. 144 S. I Ea 18949

Fricke, W.: Kollektivmonopole. Die Rolle d.Kartelle in d.Volkswirtschaft. Heidelberg 1956. 214 S. II Ea 19213

Geissler,E.;R.Müller;T.Pas: Die Inventur im Industriebetrieb. Berlin 1957. 91 S. mit Ktn I Ea 18950

Der Nutzeffekt der Investitionen in der sozialistischen Industrie. Protokoll einer wissenschaftlichen Konferenz an d.Wirtschaftswiss. Fak.d.Karl-Marx-Univ. Leipzig. Berlin 1957. 161 S. I Ea 18868

Kanimetov,A.K.;I.P.Mužikov: (Die Erfolge der Entwicklung der Ökonomik und Kultur in der Kirgisischen SSR, russ.:) Uspechi razvitija ekonomiki i kul'tury Kirgizskoj SSR. Moskau 1957. 30 S. III Ea 16835

Kling, W.: Kleine Geschichte der IG Farben - der Großfabrikanten des Todes. Teilw.Abdr.aus d.im Verl.Tribüne Berlin ersch.Broschüre. Beil.z.Lesemat.Zyklus Industrie. Parteilehrjahr 1957/58. Berlin 1957. 69 S. I Ea 18838

Kronrod,J.A.: Die sozialistische Reproduktion. (Aus d.Russ.übers.) Berlin 1957. 307 S. I Ea 18872

Lenin,V.J.: Hefte zum Imperialismus. Vorarbeiten zu d.Werk "Der Imperialismus" als höchstes Stadium des Kapitalismus.(Aus d.Russ. übers.) Berlin 1957. 815 S. I Ea 19162

Lenin,W.I.: (Über die Reproduktion und die Wirtschaftskrisen, russ.:) O vosproizvodstve i ekonomičeskich krizisach. Moskau 1957. 296 S. III Ea 18860

Lenin,V.I.: (Die Erläuterung zum Gesetz über Geldstrafen, die von den Arbeitern in den Fabriken und Werken eingezogen werden.- Die Löhne der Arbeiter und der Profit der Kapitalisten in Rußland. Die Armut in der kapitalistischen Gesellschaft, russ.:) Ob'jasnenie zakona o štrafach, vzimaemych s rabočich na fabrikach i zavodach.- Zarabotki rabočich i pribyl'kapitalistov v Rossii.-Obniščanie v kapitalističeskom obščestve. Moskau 1957. 102 S. III Ea 18480

Limbourg,M.: L'Économie actuelle du Viet-Nam démocratique. Hanoi 1956. 136 S. IV Ea 19141

Mukherjee, R.: The Dynamics of a rural society. A study of the economic structur in Bengal Villages. Berlin 1957. 134 S. I Ea 19019

Arbeitsgemeinschaft zur Förderung der Partnerschaft in der Wirtschaft e.V. Partnerschaft hat sich bewährt. Presseberichte über die Tagg d.AGP in Bad Soden am 12.April 1956. Düsseldorf 1956. 16 S. II Eb 382

First Five-Year-Plan for development of the national economy of the People's Republic of China in 1953-1957. Peking 1956. 231 S. IV Ea 19036

Strumilin, S.G.: Ökonomische Probleme der Automatisierung der Produktion.(Aus d.Russ.übers.) Berlin 1957. 63 S. I Ea 19084

Vaerting,M.T.;E.Elmerich:Hochkonjunktur des Staates, Krise der freien Wirtschaft. Darmstadt 1955. 31 S. II Ea 18971

Grundriss der Volkswirtschaftsplanung. Hrsg.: J.Rudolpn u.G. Friedrich. Berlin 1957. 603 S. I Ea 18836

Die Lage der westdeutschen Wirtschaft zu Beginn des Jahres 1957. Essen 1957. 62 S. II Ea 18973

IFO - Wirtschaftsbilder. Allgemeine Wirtschaftsentwicklung 1956. München 1956. 29 Bl. II Ea 18826

Kollektive oder freie Ordnung. Aus Reden einer Vortrags-u.Diskussionstagg über wirtschafts-u.sozialpolitische West-Ost Fragen. Düsseldorf (um 1955). 113 S. II Ea 17211

5.Geschichte

Berg,E.: The historical Thinking of Charles A.Beard. Stockholm 1957. 82 S. V Ea 20096

Brjunin,W.G.: Der erste Widerhall in der deutschen Arbeiterklasse auf die Grosse Sozialistische Oktoberrevolution und den Friedensvorschlag der Sowjetregierung. Berlin 1957. 44 S. I Ea 18993

China.Eine Grossmacht im Wandel der Jahrtausende. Berlin 1957. 464 S. I Ea 18847

Dulles,F.R.: Amerikas Weg zur Weltmacht. 1898-1956. (Aus d.Engl. übers.) Stuttgart 1957. 317 S. II Ea 19132

Fichte, J.G.: Beiträge zur Berichtigung der Urteile des Publikums über die Französische Revolution. T.1. Leipzig 1957. 271 S. I Ea 18867

(Die Rolle der Volksmassen und der Person in der Geschichte,russ.:) Rol'narodnych mass i ličnosti v istorii. Moskau 1957. 375 S. III Ea 18771

Gregorovius,F.: Geschichte der Stadt Rom im Mittelalter vom 5.-16. Jh. Neu hrsg.von W.Kampf. Buch 1-6. Tübingen 1953. 791 S. II Ea 18997

Revolutionäre Ereignisse und Probleme in Deutschland während der Periode der Grossen Sozialistischen Oktoberrevolution 1917/1918. Beiträge zum 40.Jahrestag d.Grossen Sozialistischen Oktoberrevolution. Berlin 1957. 353 S. Hrsg.: Inst.f.Geschichte an d.Dt. Akad.d.Wissenschaften zu Berlin. Red.: A.Schreiner. I Ea 18992

Hock,W.: Liberales Denken im Zeitalter der Paulskirche. Droysen u. d.Frankfurter Mitte. Münster 1957. 177 S. II Ea 19088

Hubatsch,W.: Deutsche Memoiren 1945-1955. Eine krit.Übersicht dt. Selbstdarstellung im 1.Jahrzehnt nach d.Katastrophe. Laupheim/Württ. 1956. 50 S. II Ea 19208

Imig,W.: Der Streik der Mansfelder Arbeiter im Jahre 1930. Berlin 1957. 104 S. I Ea 18902

Johnson,A.M.: The Development of American Petroleum Pipelines: A study in private enterprise and public policy 1862-1906. Ithaca, New York 1956. 307 S. V.Ea 19122

Koswen,M.O.: Abriss der Geschichte und Kultur der Urgesellschaft. (Aus d.Russ.übers.) Berlin 1957. 223 S. I Ea 19151

Kuz'min,N.F.: (Die Kommunistische Partei - der Organisator der Niederwerfung der weissgardistischen Streitkräfte Denikins, russ.:) Kommunističeskaja partija-organizator razgroma belogvardejskich vojsk Denikina. Moskau 1956. 39 S. III Ea 15691

Lehmann,R.: Quellen zur Lage der Privatbauern in der Niederlausitz im Zeitalter des Absolutismus. Berlin 1957. 293 S. I Ea 19195

Leidigkeit,K.H.: Wilhelm Liebknecht und August Bebel in der deutschen Arbeiterbewegung 1862-1869. Berlin 1957. 219 S. I Ea 19083

Über Lenins militärische Tätigkeit 1917-1920. Aufzeichng u.Erinnergn von N.I.Podwoiski, S.I.Aralow,S.M.Budjonny. Dt.Fassg von O.Braune. Berlin 1957. 59 S. I Ea 19165

Lenin,W.I.: Das Jahr 1917. E.Sammlg ausgew. Aufsätze u.Reden. Berlin 1957. 583 S. I Ea 18845

Mann,W.: Berlin zur Zeit der Weimarer Republik. Ein Beitr.zur Erforschg d.wirtschaftl.u.polit.Entwicklung d.dt.Hauptstadt. Berlin 1957. 180 S., 10 Tab. I Ea 18991

Nemcova, V.I.: (Die Partei der Bolschewiki im Kampf um eine friedliche Entwicklung der Revolution in Russland < März-Juli 1917 >, russ.:) Partija bol'ševikov v bor'be za mirnoe razvitie revoljucii v Rossii < mart-ijul 1917 g.> Moskau 1957. 46 S. III Ea 16977

Nohn, E.A.: Der unzeitgemässe Clausewitz. Notwendige Bemerkungen über zeitgemässe Denkfehler. Berlin,Frankfurt/M.1956. 91 S. II Ea 18829

Amtsbuch der Reichsstadt Nordhausen. 1312-1345. Liber privilegiorum et album civium. Hrsg.von R.H.Müller Nordhausen 1956. 140 S. I Ea 18957

Tjusin, F.S.: Die militärische Tätigkeit der Bolschewiki in den Jahren 1905-1907. Berlin 1956. 76 S. I Ea 19032

Unrest,J.: Österreichische Chronik. Hrsg.: K.Grossmann. Weimar 1957. 369 S. I Ea 18863

Histoire résumée du Viet-Nam. Hanoi 1955. 62 S. IV Ea 19139

Wild,K.H.: Um eine Stunde fürs Leben. Ein Tatsachenbericht vom grossen Streik der Textilarbeiter von Crimmitschau um d.Zehnstundentag 1903/04. Nach Dokumentat.u.Erinnergn erzählt.Berlin 1957. 230 S. I Ea 18906

Wrobel,K.: Die Volksmarinedivision. Berlin 1957. 144 S.I Ea 18848

6.Politik

(Materialien des 3.Kongresses der Arbeiterpartei Koreas. 23.-29. April 1956, russ.:) Materialy 3. s-ezda Trudovoj Partii Korej. 23-29 aprelja 1956 g. Moskau 1957. 214 S. III Ea 19149

Eysenck, H.J.: The Psychology of politics. London 1957. 317 S.
V Ea 18823

Field, G.C.: Political Theory. London 1956. 297 S. V Ea 19045

Frankenberg, E.von: Die strategischen Pläne der imperialistischen Aggressoren. Berlin 1957. 87 S. I Ea 18864

Galent,H.C.: Histoire politique de la sécurité sociale francaise 1945-1952. Paris 1955. 200 S. V Ea 19053

Grimes,A.P.: American political Thought. New York 1955. 500 S.
V Ea 18832

Hennis,W.: Meinungsforschung und repräsentative Demokratie. Zur Kritik polit.Umfragen. Tübingen 1957. 64 S. II Ea 19112

Hu Sheng: Imperialism and Chinese politics. Peking 1955. 308 S.
IV Ea 20007

(Allgemeine Konferenz der Kommunistischen Partei der Tschechoslowakei,russ.:) Obščestvennaja konferencija Kommunističeskoj Partii Čechoslovakii. Moskau 1957. 302 S. III Ea 18478

Ludwig,E.: Die Öffentlichkeit als Werkzeug der Politik. Eine kurze histor. Zusammenfassg. Wien 1951. 41 S. V Ea 19005

Mao Tse-tung: Über die richtige Lösung von Widersprüchen im Volke.
Tschou En-lai: Entscheidende Siege des Sozialismus in China.
Berlin 1957. 95 S. I Ea 19152

Mao Tse-Tung: On Methods of leadership. Peking 1955. 10 S.
IV Ea 20024

Mao Tse-Tung: Economic and financial Problems during the anti-japanese war and other articles. Peking 1955. 64 S. IV Ea 20028

Mao Tse-Tung: Rectify the party's style in work. Peking 1955.
29 S. IV Ea 20023

Mao Tse-Tung: Reform our study. Peking 1955. 13 S. IV Ea 20022

Mao Tse-Tung: The Chinese Revolution and the Chinese Communist Party. Peking 1954. 56 S. IV Ea 20009

Mao Tse-Tung: A single Spark can start a prairie fire. Peking 1953.
22 S. IV Ea 20025

Mao Tse-Tung: On the protracted War. Peking 1954. 140 S.
IV Ea 20013

Schuman,E.L.: International Politics. The Western State System in midcentury. 5th ed. New York 1953. 577 S. V Ea 19042

Toltschenow, M.P.: USA-Militärstützpunkte bedrohen den Frieden. Berlin 1957. 86 S. I Ea 18809

Tschou En-Lai: (Politischer Bericht, russ.:) Političeskij doklad. Peking 1956. 51 S. IV Ea 18234

Tschou En-Lai: Report on the question of intellectuals. Delivered on Januray 14, 1956, at a meeting held under the auspices of the Central Committee of the Communist Party of China to discuss the question of intellectuals. Peking 1956. 44 S. IV Ea 20014

Tschou En-Lai: (Zur Frage über die Intelligenz, russ.:) K voprosu ob intelligencii. Peking 1956. 51 S. IV Ea 18233

Berichte, Referate, Diskussionsreden, Thesen und Beschluss. 32.Tagg d.Zentralkomitees der Sozialistischen Einheitspartei Deutschlands 10.-12. Juli 1957. Berlin 1957. 208 S. I Ea 19166

II.RECHTSWISSENSCHAFT

1.Gesetzesmaterialien und Dokumente (auch Verfassungen und Kurzkommentare)

China an-d the Asian-African Conference < Documents >. Peking 1955. 80 S. IV Ea 20010

Bakule,E.;R.Janda: Die Unfallversicherung nach dem allgemeinen Sozialversicherungsgesetz. Gesetzestext u.eingehende Erl. Wien 1956. 212 S. V Ea 18898

Das Betriebsrätegesetz samt allen Durchführungsvorschriften mit eingehenden Erl.u.e.Übersicht über d.Rechtssprechg. Hrsg.: G.Hofmann u.V.Pigler. 3.,umgearb.Aufl. Wien 1956. 180 S. V Ea 18897

Die österreichischen Bundesverfassungsgesetze. Hrsg.u.m.Anm.vers. von L.Werner. Wien 1948. 198 S. V Ea 18999

Gesetz zur Änderung des Gesetzes über das Bundesverfassungsgericht. Erg.-Bd zum Kurzkomm. Bd 31 "Bundesverfassungsgerichtsgesetz" mit Erl.zum Abänderungsges.vom 21.Juni 1956 u.weiteren Nachträgen von H.Lechner. München, Berlin 1957. 94 S. II Ea 18936

Die Charta der Vereinten Nationen mit Nebenbestimmungen. In dt. Übers.hrsg.u.eingel.von W.Schätzel. 2.,neubearb.Aufl. München,Berlin 1957. 117 S. II Ea 18935

Colliard,C.A.: Droit international et histoire diplomatique. Documents choisis. 3me ed. Tome 1. Paris 1955. 784 S. V Ea 19051

La Constitution de la Suède. Avec une indroduction par E.Hästad. Stockholm 1954. 107 S. V Ea 19058

Les Constitutions et les principales lois politiques de la France depuis 1789 par L.Duguit, H.Monnier, R.Bonnard 7me éd.par G.Berlia. Paris 1952. 705 S. V Ea 18800

Das Basu, D.: Commentary on the constitution of India. Being a comparative treatise on the universal principles of Justice and Constitutional Government with special reference to the organic intrument of India. 3rd ed. Vol.1.2. Calcutta 1955. Vol.1. 875 S. Vol.2. 875 S. V Ea 18817

Dienststrafrecht im Lande Niedersachsen. Texte d.f.niedersächs. Beamte u.Behörden geltenden Ges.,Verordnungen u.Bestimmungen in d. gültigen Fassg. Bearb.von Bünger,L.;R.Becker. Göttingen 1956. 160 S. II Ea 18888

Das Disziplinarrecht des Landes Nordrhein-Westfalen. Handkomm.zur Disziplinarordng d.Landes Nordrhein-Westfalen f.Beamte u.Richter vom 8.Dez.1953 - GV.NW. S.415 < i.d.F.d.Landesbeamtenges.vom 15. Juni 1954.> Von E.Schütz.Mitarb.: E.Siemer. Bielefeld 1955. 440 S. II Ea 18917

Dürig, G.: Gesetze des Landes Baden-Württemberg. Textsammlg., Hrsg.: G.Dürig Stand 1.Jan.1956. München,Berlin 1956. Loseblattsammlg. II Ea 18899

Dumsday's local Government law and legislation. Originally arranged and ed. by W.H.Dumsday. The Vol.f.1956 arranged and ed.by J.Moss. London 1957. 820 S. V Ea 18716

Ebert, K.: Bergrecht. Gesetzessammlg. Freiberg 1957. 599 S. I Ea 19193

Bayrische Gemeindeordnung mit Erl.,Nebenvorschriften u.Sachreg.von K.Helmreich. 4.erg.Aufl. München 1957. 340 S. II Ea 18798

Die Hessische Gemeindeordnung < HGO > vom 25.Febr.1952 < GVBL.S.11 > i.d.F.vom 10.Juli 1953 <GVBl.S.124 >, vom 15.April 1954 < GVBl. S.79 > u.vom 6.Juli 1954 <GVBl.S.117 >. 8.erg.Aufl. Bad Homburg 1956. 46 S. II Ea 19209

Gesetz über das gerichtliche Verfahren bei Freiheitsentziehungen. Mit d.bundesrechtl.Vorschriften zum materiellen Unterbringungsrecht. Erl.von H.Reichard. Köln,Berlin 1956. 136 S. II Ea 19012

Gesetzessammlung der westindischen Königreiche,span.:) Recopilacion de leyes de los Reynos de las Indias. T.1-3 Madrid 1943. T.1: 660 S. T.2: 613 S. T.3: 562,262 S. Eb 826

Das Grundgesetz für die Bundesrepublik Deutschland vom 23.Mai 1949. Ein Komm.f.Wiss.u.Praxis von A.Hamann. Berlin 1956. 440 S. II Ea 18879

Statut der Hochschule für Bauwesen Cottbus. Berlin 1957. 15 S. I Ea 16971

Code d'instruction criminelle Annoté d'après la doctrine et la jurisprudence. Avec renvois aux publications Dalloz. 49me éd. Paris 1957. 700 S. V Ea 19054

Kriegsvölkerrecht. Völkerrechtl.Verträge über d.Kriegsführg,d. Kriegsmittel u.d.Schutz d.Verwundeten, Kriegsgefangenen u.Zivilpersonen im Kriege. Textsammlg mit Hinweisen. Hrsg.: J.Hinz. Köln,Berlin 1957. getr.Pag. II Ea 18824

Die niederösterreichische Landarbeitsordnung samt allen Durchführungsvorschriften mit Erl. Hrsg.: P.Nuel u.J.Strau. Wien 1952. 260 S. V Ea 18896

Das Landpachtgesetz vom 25.Juni 1952 < GVBl. I S.343 >. Komm.von W.Fischer,O.Wöhrmann. 2.verb.Aufl. Hamburg 1954. 211 S.II Ea 19074

Gesetz zur Abwicklung der landwirtschaftlichen Entschuldung. Die Löschg d.Entschuldgsvermerks im Grundbuch. Textausg.mit Erl.von H.Jacobi. Stollhamm 1956. 60 S. II Ea 19128

Liu Shao-Chi: Report on the draft constitution of the People's Republic of China.-Constitution of the people's republic of china. Peking 1954. 101 S. IV Ea 20008

Nitzsche: Die Saefkow-Jacob-Bästlein-Gruppe. Dokumente u.Materialien d.illegalen antifaschist.Kampfes < 1942-1945 >. Berlin 1957. 211 S. I Ea 18990

Kommentar zum Patentgesetz und zum Gebrauchsmustergesetz. Komm.von H.Tetzner. 2.,neubearb.Aufl. Nürnberg,Düsseldorf 1951. 784 S. II Ea 18841

The Temper of peace.Select doc. 1954-55. Ed by S.L.Poplai. Neu Delhi 1955. 96 S. V Ea 19097

Bayrisches Polizei- und Sicherheitsrecht mit Landesstraf-u.Verordnungsges.,Polizeiaufgaben-ges.,Polizeiorganisationsges.u.d.wichtigsten Ges.,VOen u.Entschliessungen. Textausg.mit Anm. München 1957. 467 S. II Ea 18934

Rabut,A.: La Convention de Varsovie. Règles relatives au transport aerien international. Texte,Commentaire, Liste des états ayant ratifie la convention. Paris 1952. 48 S. V Ea 20139

Das Bulgarische Strafgesetzbuch vom 2.Febr.1951. Übers.von Th.Lyon. Berlin 1957. 63 S. II Ea 16937

Ministerstvo justicii RSFSR. (Das Strafgesetzbuch der RSFSR,russ.:) Ugolovnyj kodeks RSFSR. Moskau 1956. 222 S. III Ea 16741

Summary of provisions of the Taft-Hartley Act. Prep.by the Office of the General Counsel American Federation of Labor. Washington [um 1956] 7 gez.Bl. V Ea 20099

Internationale Gesellschaft für Urheberrecht e.V. Projet de loi francais sur la propriète littenaire et artistique. Texte Traduction'allemande - Observations. Originaltext - Dt.Übers.Anmerkgn. Berlin 1956. 93 S. II Ea 18970

Urheber-und Verlagsrecht mit internationalem Recht u.Gesetz Nr.8 d.Rates d.Alliierten Hohen Komm.Textausg. München,Berlin 1951. 98 S. II Ea 18945

(Verfassung < grundlegendes Gesetz > der Litauischen Sowjetischen Sozialistischen Republik,russ.:) Konstitucija < osnovnoj zakon > Litovskoj Sovetskoj Socialističeskoj Respubliki. Wilna 1954. 27 S. III Ea 16854

(Verfassung und grundlegende gesetzgebende Akten der Föderativen Volksrepublik Jugoslavien, russ.:) Konstitucija i osnovnye zakonodatel nye akty Federativnoj Narodnoj Respubliki Jugoslavii. Moskau 1956. 798 S. III Ea 16839

(Die Verfassung der Föderativen Volksrepublik Jugoslawien,poln.:) Konstytucja Federacyjnej Ludowej Republiki Jugoslawii. Warschau 1957. 174 S. IV Ea 16832

Verlagsrecht. Kommentar zum Ges.über d.Verlagsrecht vom 19.Juni 1901 unter Berücks.d.österreich.u.schweiz.Rechts u.einiger prakt. Fragen aus d.Verlags-u.Buchhandelswesen. Von W.Bappert u.T.Maunz. München,Berlin 1952. 538 S. II Ea 18916

Wehrpflichtgesetz unter Berücksichtigung der Musterungverordnung. Erl.von W.Scherer,G.Flor. Berlin,Frankfurt/M.1957. 191 S. II Ea 18799

Entwurf des Zolltarifs. Dt.Zolltarif 1958. Bonn 1957. 287 S. II Eb 849

2.Rechtswissenschaft allgemein

Cahn,E.: The moral Decision. Right and wrong in the light of American law. Bloomington 1956. 342 S. V Ea 18878

Ludwig, F.J.: Youth and the law. Handbook on laws affecting youth. Brooklyn 1955. 386 S. V Ea 18931

3.Staats-und Rechtstheorie

Barker,E.: Principles of social and political theory. Oxford 1956. 284 S. V Ea 18822

Denning,A.: The Changing Law. London 1953. 122 S. V Ea 19126

Denning,A.: Freedom under the law. 6 th impr. London 1949. 126 S. V Ea 19136

Duerrenmatt,P.: Der Kleinstaat und das Problem der Macht. Basel 1955. 36 S. V Ea 19013

Freyer,H.: Das soziale Ganze und die Freiheit der Einzelnen unter den Bedingungen des industriellen Zeitalters. Göttingen,Berlin, Frankfurt/M. 1957. 34 S. II Ea 19095

Friedmann,W.: Legal Theory. 3rd ed. London 1953. 520 S.V Ea 18975

Kirche gegen Chaos. Östl.Infiltration. Der westl.Materialismus in d.Strategie d.Sowjetpolitik. Kirche u.Koexistenz. Augsburg 1956. 119,S. II Ea 18081

Hägerström,A.: Inquiries into the nature of law and morals. Ed.by K.Olivecrona. (Aus d.Schwed.übers.) Stockholm 1953. 377 S. V Ea 18825

Kaufmann,A.: Naturrecht und Geschichtlichkeit. Tübingen 1957. 31 S. II Ea 19113

Lenin,V.I.: (Über den Staatskapitalismus.-Der Staatskapitalismus in der Periode des Überganges zum Sozialismus,russ.:) O gosudarstvennom kapitalizme.-Gosudarstvennye kapitalizm v period perechoda k socializmu. Moskau 1957. 215 S. III Ea 18471

Nowotka,W.: Die Rechtsverhältnisse in der Deutschen Demokratischen Republik. Berlin 1957. 76 S. I Ea 19248

Raymondis,L.M.: Contribution à l'étude du droit naturel. Le droit naturel comme base de validité du droit positif et comme guide du législateur. Toulouse 1947. 207 S. Toulouse,Jur.Fak.,Diss.von April 1946 V Ea 20101

Rosenstock-Huessy,E.: Soziologie. Bd 1: Die Übermacht der Räume. Stuttgart 1956. 335 S. II Ea 18404

Handbuch der Soziologie. Hrsg.von W.Ziegenfuss. 2.Hälfte. Stuttgart 1956. S.614-1243. II Eb 419

Sperduti,G.: (Die Persönlichkeit im internationalen Recht,ital.:) L'individuo nel diritto internazionale. Mailand 1950. 202 S. V Ea 20128

Wendland,H.D.: Die Kirche in der modernen Gesellschaft. Entscheidungsfragen für das kirchliche Handeln im Zeitalter der Massenwelt. Hamburg 1956. 247 S. II Ea 14653

Wright,R.: Schwarze Macht. Zur afrikanischen Revolution.(Aus d. Engl.übers.) Hamburg 1956. 342 S. II Ea 18674

4.Geschichte der Staats-und Rechtstheorie

Regierung der Deutschen Demokratischen Republik. Staatssekretariat für Hochschulwesen. Programm der Vorlesung Geschichte der Staats- und Rechtstheorie in der Neuzeit. Berlin 1957. 14 S. I Ea 16958

Gilkes, G.St.: Les socialistes chrétiens et la société anglaise au milieu du 19ème siècle. Toulouse 1945. 101 S. Toulouse,Jur.Fak.,Diss.vom 12.Nov.1945 V Eb 846

Heydte,F.A.von der: Die Geburtsstunde des souveränen Staates. Ein Beitr.zur Geschichte d.Völkerrechts d.allg.Staatslehre u.d.polit. Denkens. Regensburg 1952. 475 S. II Ea 19123

Hubatsch,W.: Das Problem der Staatsräson bei Friedrich dem Großen. Göttingen,Berlin,Frankfurt/M. 1956. 42 S. II Ea 19100

Merian-Genast,E.: Französische Moralisten. Ausgew.Aphorismen von La Rochefoucaulde La Bruyère,Vauvenargues,Chamfort,Rivarol,Joubert. Basel,Stuttgart 1955. 213 S. V Ea 17675

Meyer, G.: Charles Dumoulin. Ein führender französischer Rechtsgelehrter. Nürnberg 1956. 73 S. II Ea 19009

Röhrs, H.: Jean-Jacques Rousseau. Vision u.Wirklichkeit. Heidelberg 1957. 246 S. II Ea 19215

Rother,S.: Die religiösen und geistigen Grundlagen der Politik Huldrych Zwinglis. Ein Beitr.z.Probl.d.christl.Staates. Erlangen 1956. 149 S. II Ea 18884

Sabine,G.H.: A History of political theory. Rev.ed. New York 1956. 934 S. V Ea 19047

Vontobel, J.: Johann Caspar Bluntschlis Lehre von Recht und Staat. Zürich 1956. 248 S. V Ea 18889

5.Staats-und Rechtsgeschichte

Bader,K.S.: Das mittelalterliche Dorf als Friedens- und Rechtsbereich. Weimar 1957. 284 S. I Ea 18953

Brown,R.E.: Middle-Class Democracy and the revolution in Massachusetts 1691-1780. Ithaca 1955. 458 S. V Ea 19120

Fabian,E.: Die Entstehung des Schmalkaldischen Bundes und seiner Verfassung 1529-1531/33. Brück, Landgraf Philipp von Hessen u. J.Sturm. Mit archival.Beil.u.e.Brück-Bibliographie. Tübingen 1956. 182 S. II Ea 18828

Lübecker Ratsurteile. Hrsg. W.Ebel. Bd 1.2. Göttingen,Berlin, Frankfurt/M. 1955-56. Bd 1: 1421-1500. 1955. 579 S. Bd 2: 1501-1525. 1956. 640 S. II Ea 10999

Rood,J.R.: The History of building the Constitution on the United States. Detroit 1948. 189 S. V Ea 18912

Treitinger, O.: Die österreichische Kaiser-und Reichsidee nach ihrer Gestaltung im höfischen Zeremoniell. Vom oström.Staats-u. Reichsgedanken. 2.,unveränd.Aufl. Darmstadt 1956.274 S.II Ea 18843

6.Völkerrecht und Aussenpolitik

Abraham,H.J.: Das Seerecht. Ein Grundr.mit Hinw.auf d.Sonderrechte anderer Verkehrsmittel,vornehml.d.Binnenschiffahrts-u.Luftrechts. Berlin 1956. 167 S. II Ea 18895

Akzin,B.: New States and international organizations. A report prepared on behalf of the International Political Science Association. Paris 1955. 200 S. V Ea 18818

American imperialism's Intervention in Vietnam. Hanoi 1955. 35 S. IV Ea 19145

Andrassy,J.: (Völkerrecht, 2.Aufl. serbokroat.:) Medunarodno pravo. 2.izd. Zagreb 1954. 351 S. IV Ea 16260

The Anglo-American Tradition in foreign affairs. Readings from Th.More to W.Wilson. Ed.with an introd.and comm.by A.Wolfers and L.W.Martin. New Haven 1956. 286 S. V Ea 18977

Asia and Africa in the modern world. Basic information concerning independent countries. Ed:,S.L.Poplai. Bombay 1955. 218 S. V Ea 19050

Bathurst,M.E.: J.L.Simpson Germany and the North Atlantic Community. A legal survey. London 1956. 217 S. V Ea 18833

Bednjak,I.Ja.: (Die japanische Aggression in China und die Position der USA < 1937-1939 >, russ.:) Japonskaja aggressija v Kitae i pozicija SŠA < 1937-1939 >. Moskau 1957. 173 S. III Ea 18472

Bernhardt,R.: Der Abschluß völkerrechtlicher Verträge im Bundesstaat. Eine Unters.zum dt.u.ausländ.Bundesstaatsrecht. Köln, Berlin 1957. 208 S. II Ea 19016

Biegel,L.C.: (Die Arabische Liga, holländ.:) De Arabische Liga. Amsterdam 1954. 212 S. V Ea 18830

Bolté, Ch.G.: The Price of peace. A plan for disarmament. Boston 1956. 108 S. V Ea 19202

Bos,M.: Les Conditions du procès en droit international public. Leiden 1957. 344 S. V Ea 20095

Coudenhove-Kalergi,R.: Vom Ewigen Krieg zum Großen Frieden. Göttingen,Berlin,Frankfurt/M. 1956. 280 S. II Ea 19091

Dallin, A.: German Rule in Russia 1941-1945. A study of occupation policies. London 1957. 695 S. V Ea 19199

Der deutsche Militarismus bedroht den Frieden und die Sicherheit der Völker. Protokoll e.internationalen Beratung sowjet.,tschech., poln.u.dt.Wissenschaftler u.Publizisten in Prag im Juli 1957. Berlin 1957. 148 S. I Ea 18806

Drummond,D.F.: The Passing of American neutralitiy 1937-1941. London 1955. 409 S. V Ea 18933

Elwell-Sutton,L.P.: Persian Oil. A study in power politics. London 1955. 343 S. V Ea 18725

Briefwechsel zwischen Präsident Eisenhower und den Vorsitzenden d. Ausschüsse f.Auswärtige Angelegenheiten d.Kongresses d.Vereinigten Staaten über die Europäische Gemeinschaft f.Kohle u.Stahl u.d. Vereinigg Europas.Luxemburg 1953. 31 S. V Ea 18925

Fraenkel,E.: Korea - ein Wendepunkt im Völkerrecht? Berlin 1951. 47 S. II Ea 16952

Furniss,E.S.;R.C.Snyder: An Introduction to American foreign policy. New York 1955. 252 S. V Ea 18914

Giebułtowicz,J.: (Die Verantwortlichkeit der Kriegsverbrechen auf völkerrechtlichen Grundlagen, poln.:) Odpowiedzialność przestepców wojennych w świetle prawa narodów. Warschau 1945. 102 S. IV Ea 16649

Góralczyk,W.: (Der Kontinentalshelf. Eine völkerrechtl. Abhandlung, poln.:) Szelf kontynentalny. Studium prawno miedzynarodowe. Warschau 1957. 183 S. IV Ea 16685

Hogan,W.N.: International Conflict and Collective Security. The prinziple of Conzern in International organization. Kentucky 1955. 202 S. V Ea 18932

Hooven,E.von: Der Auswärtige Dienst Skandinaviens. Hamburg 1956. 130 S. II Eb 475

Jiménez de Aréchaga,E.E.: Voting and the handling of disputes in the Security Council. New York 1950. 189 S. V Ea 18594

Kennan,G.F.: Das amerikanisch-russische Verhältnis. Stuttgart 1954. 96 S. II Ea 18882

Kohl, M.: Die Vertretung Chinas im internationalen Verkehr. Berlin 1957. 99 S. I Ea 20109

Trial of the case of mass slaughter in Shinchon, Korea during the U.S.Army Occupation (Aus d.Korean.übers.) Phöniang 1954. 235 S. IV Ea 20011

A Chronicle of principal events relating to the Korean question 1945-1954. Peking 1954. 93 S. IV Ea 20016

Kotzsch, L.: The Concept of war in contemporary history and international law. Genf 1956. 310 S. V Ea 19188

Krüger, H.; G.Erler: Zum Problem der Souveränität. Ber.Verhandlgn d. Tagg d.Ges.in Frankfurt am 31.März u.1.April 1955. Nebst e.Anh.: Der Stand d.Lehre d.Völkerrechts an d.dt.Hochschulen. Karlsruhe 1957. 104 S. II Ea 19007

Lehmann-Russbüldt, O.: Wie gewinnen wir den Frieden? Frankfurt/M. 1956. 83 S. II Ea 19001

Lenczowski, G.: The Middle East in World affairs. 2nd ed. Ithaca, New York 1957. 576 S. V Ea 19071

Mao Tse-Tung: Strategic Problems in the anti-japanese guerrilla war. Peking 1954. 65 S. IV Ea 20026

Maung Maung: Burma in the family of nations. Amsterdam 1956. 236 S. V Ea 19107

Mil'štejn, M.A.; A.K.Slobodenko: (Die Kriegsideologen der kapitalistischen Länder über Charakter und Methoden der gegenwärtigen Kriegsführung, russ.:) Voennye ideologi kapitalističeskich stran o charaktere i sposobach vedenija sovremennoj vojny. Moskau 1957. 63 S. III Ea 16931

Muszkat, M.: (Die Frage der Atomenergie und der Kampf um den Frieden, poln.:) Zagadnienie energii atomowej a walka o pokoj. Warschau 1948. 214 S. IV Ea 16642

Rosenne, S.: The international Court of justice. An Essay in political and legal theory. Leyden 1956. 592 S. V Ea 18834

Spetzler, E.: Luftkrieg und Menschlichkeit. Die völkerrechtl.Stellung d.Zivilpersonen im Luftkrieg. Göttingen, Berlin, Frankfurt/M. 1956. 451 S. II Ea 19098

Stebbings, R.P.: The United States in world affairs 1954. New York 1956. 498 S. V Ea 19064

Toussaint, Ch.E.: The Trusteeship System of the United Nations. London 1956. 288 S. V Ea 19131

Tschou En-Lai: (Über die gegenwärtige internationale Lage, über die Aussenpolitik Chinas und über die Befreiung von Taiwan, russ.:) O sovremennom meždunarodnom položenii, vnešnej politike KNR i ob osvoboždenii Tajvanja. Peking 1956. 34 S. IV Ea 18232

Vallindas, P.G.: Vocabulary of the Charter of the United Nations and of the Statute of the International Court of Justice. Athen 1953. 42 S. V Ea 16675

10 Jahre Vereinte Nationen von 1945 bis 1955. Deutschland u.die Vereinten Nationen. Frankfurt/M. 1956. 296 S. II Ea 19003

7.Staatsrecht

Allen,C.K.: Law and orders. An inquiry into the nature and scope of delegated legislation and executive powers in English law. 2nd ed. London 1956. 482 S. V Ea 19060

Andrén,N.: The Government of Sweden. Stockholm 1955. 110 S. V Ea 18980

Berelson,B.R.;P.F.Lazarsfeld;W.N.Mc Phee: Voting. A study of opinion formation in a presidential campaign. Chicago 1955. 395 S. V Ea 19048

Blagojević, B.T.: (Rechtslage und Rechtsgeschäfte der staatlichen Wirtschaftsunternehmen, 2.erw.Aufl.,serbokroat.:) Pravni položaj i pravni podlovi državnih privrednih preduzeća. 2.,dop.izd. Belgrad 1948. 263 S. IV Ea 16246

Blagojević,B.T.: (Die Staatsbürgerschaft mit besonderer Rücksicht des Rechts der Förderativen Volksrepublik Jugoslawien, 2.Aufl., serbokroat.:) Državl'anstvo-s naročitim obzirom na pravo FNRF. 2.izd. Belgrad 1947. 136 S. IV Ea 16251

Blagoveščenskii,M.U.: (Die mongolische Volksrepublik,poln.:) Mongolska republika ludowa. (Aus d.Russ.übers.) Warschau 1951. 26 S. IV Ea 16648

Leistung und Erfolg. 1956.Die Bundesregierung berichtet ... Hrsg.: Presse-u.Informationsamt d.Bundesreg. Bonn 1956. 175 S.II Ea 19061

Corwin,E.S.: The "Higher Law" backround of American constitutional law. 2rd print. Ithaka,New York 1957. 89 S. V Ea 19130

Cushman,R.: Civil Liberties in the United States. A guide to current problems and experience. Ithaca,New York 1956. 248 S. V Ea 19117

Ein deutscher Staatenbund < Konföderation >. Berlin 1957. 76 S. I Ea 18988

Douglas,W.O.: We the Judges. Studies in American and Indian constitutional law from Marshall to Mukherjea. Garden City 1956. 480 S. V Ea 19201

Emerson,R.: Representative Government in Southeast Asia. With suppl. chapters by W.H.Elsbree and V.Thompson. Cambridge 1955. 197 S. V Ea 19109

Grosser,A.: La Situation de l'Allemagne en 1955. Rapport du Congrès International de Bruges 1955. Publ. aver l'aide de la Fondation Rockefeller. Brüssel 1955. 133 S. V Ea 18927

Grottian,W.: Das sowjetische Regierungssystem. Die Grundlagen der Macht in d.Sowjetunion. Quellenbuch. Leitfaden. 2 Bde Köln,Opladen 1956. Quellenbuch: 170 S. Leitfaden: 175 S. II Ea 19040

Guèze,A.: La Régime de la presse en Italie fasciste. Paris 1938. 260 S. Toulouse,Jur.Fak.,Diss.

Horne,A.: Return to power. A report on the new Germany. New York 1956. 415 S. V Ea 18976

Hyman,S.: Mr.Präsident. Eine Studie über d.amerikan.Präsidentschaft (Aus d.Engl.übers.) Frankfurt/M. 1956. 395 S. II Ea 19000

Jennings,I.: The British Constitution. 3rd ed. Cambridge 1954. 220 S. V Ea 19124

Jennings,I.: Constitutional Laws of the Commonwealth. Vol.1. The Monarchies. Oxford 1957. 496 S. V Ea 19200

Imboden, M.: Der Schutz vor staatlicher Willkür. Zürich 1945. 28 S. V Ea 18821

Ipsen,H.P.: Hamburger Verfassung und Verwaltung. Von Weimar bis Bonn. Hamburg 1956. 518 S. II Ea 18890

Kaf-El-Ghazal, M.: Le Parlement dans la constitution syrienne de 1950. Toulouse 1950.1951. 146 S. Toulouse,Jur.Fak.,Diss. V Eb 848

Keppler,T.C.: Die Verfassungsänderung nach der Schweizerischen Bundesverfassung und nach der Verfassung der Vereinigten Staaten von Nordamerika. Zürich 1948. 99 S. Bern,Jur.Fak.,Diss.vom 16.Mai 1946 V Ea 16950

Kiričenko,M.G.: (Der demokratische Zentralismus im sowjetischen Wirtschafts- u.Staatsaufbau, russ.:) Demokratičeskij centralizm v sovetskom chozjajstvennom i gosudarstvennom stroitel'stve. Moskau 1957. 47 S. III Ea 16833

(Einheitliches Korea,russ.:) Koreja edina! Seoul 1955. 67 S. II Ea 20042

Leder,G.: Kriegsdienstverweigerung aus Gewissensgründen. Zur Problematik d.Art.4 Abs.3 d.Grundgesetzes. Freiburg/Br.1957. 183 S. II Ea 18913

Lenin,V.I.:(Bericht auf dem 10.Parteitag der RKP (b) über den Ersatz der Verteilung durch die Naturalsteuer.-Die Naturalsteuer.-Die Neue Ökonomische Politik, russ.:) Doklad na X.s-ezde RKP (b) o zamene razverstki natural'nym nalogom.-O prodovol'stvennom naloge.-O novoj ekonomičeskoj politike. Moskau 1956. 191 S. III Ea 17775

Lubbe,A.: Bedeutet Kriegsgefangenschaft Amtsverlust im Sinne des Gesetzes zu Artikel 131 GG? Göttingen 1956. 20 S. II Ea 19214

Maunz,Th.: Das Verhältnis der Baulandentschädigung zum Grundgesetz. Düsseldorf 1955. 44 S. II Ea 19004

Maurach,R.: Handbuch der Sowjetverfassung. München 1955. 429 S. II Ea 19129

Meissner,B.: Sowjetrussland zwischen Revolution und Restauration. Köln 1956. 231 S. II Ea 17062

Morris-Jones,W.H.: Parliament in India. London 1956. 417 S. V Ea 18978

Munro,W.B.: The Governments of Europe. 4 th ed. New York 1954. 796 S.
V Ea 19043

Pierson,W.W.;F.G.Gil: Governments of Latin America New York 1957. 514 S.
V Ea 19072

Piquemal-Pastré,M.: L'Assemblée de l'Union Française. Contribution à une sur les organismes centraux de l'Union Française. o.O.1952. 230 S. Toulouse, Jur.Fak.,Diss.
V Eb 844

Pressefreiheit in Westdeutschland. Phrase und Wirklichkeit. Eine Dokumentation. Hrsg.: Verband d.Deutschen Presse. Berlin 1957. 112 S.
I Ea 18738

Rackman,E.: Israels Emerging Constitution 1948-1951. New York 1955. 196 S.
V Ea 18979

Rebrikova,N.: (Thailand, russ.:) Tailand. Moskau 1957. 102 S.
III Ea 18862

Roy,C.: Schlüssel zu China.(Aus d.Französ.übers.) Berlin 1957. 513 S.
I Ea 10985

Soong Ching Ling: The Struggle for New China. Peking 1952. 398 S.
IV Ea 20021

(Tschechoslowakisches Staatsrecht,russ.:) Čechoslovackoe gosudarstvennoe pravo. Pod rukovodstvom J.Bartuski.(Aus d.Tschech.übers.) Moskau 1956. 466 S.
III Ea 16910

Tschou En-Lai:Report in the work of the government < Deliv.on June 26, 1957 at the 4 th Session of the 1st National People's Congress.> Peking 1957. 38 S.
IV Eb 790

Quelques faits et dates sur le problème de la rèunification du Viet-Nam. Hanoi 1956. 78 S.
IV Ea 19140

Wacke,G.: Grundlagen des öffentlichen Dienstrechts. Verfassungsrechtl. Stand u.Lösg vom Arbeitsrecht. Tübingen 1957. 130 S.
II Ea 19062

Warum brauchen wir die Wehrpflicht? Eine Denkschrift d.Bundesregierung. Veröffentl.durch d.Presse- u.Informationsamt d.Bundesregierung. Bonn 1956. 31 S.
II Ea 17857

Wolff,H.J.: Die Rechtsgestalt der Universität. Köln 1956. 47 S.
II Ea 18929

Zabel,O.H.: God and Caesar in Nebraska. A study of the legal relationship of church and state, 1854-1954. Lincoln 1955. 198 S.
V Ea 16946

8.Verwaltungsrecht

Bachof,O.: Wehrpflichtgesetz und Rechtsschutz. Eine Unters.über Fehlentwicklgn d.Verwaltungsgerichtsbarkeit. Tübingen 1957. 64 S.
II Ea 19087

Ebert,K.: Bergrecht. Lehrbrief. Berlin 1957.
I Ea 19193

Amtliche Sammlung von Entscheidungen des Oberverwaltungsgerichts Rheinland-Pfalz Koblenz < AS Rh-Pf >. Hrsg.v.d.Mitgl.d.Gerichts. Bd 1-4. Koblenz 1954-56. 4 Bde II Ea 19094

Huber,O.: Der Rechtsschutz in der Krankenversicherung. Zürich 1945. 146 S. Zürich,Jur.Fak.,Diss.v.21.Okt.1944 V Ea 16951

Kloss,R.;H.Nehls: Struktur der Leitung der sozialistischen Industriebetriebe der Deutschen Demokratischen Republik. Berlin 1957. 176 S. I Ea 18952

Über bessere Organisationsformen der Leitung von Jndustrie und Bauwesen. < Materialien der 7.Tagg d.Obersten Sowjets d.UdSSR 7.-10.Mai 1957.> Moskau 1957. 97 S. III Ea 19196

Seeger,R.: Die Gemeinderatssitzung. Eine Darst.d.Vorbereitg u.Durchführg von Gemeinderatssitzgn u.d.dafür geltenden Bestimmungen. Stuttgart 1957. 56 S. II Ea 19211

Wasserhaushalt und Landwirtschaft. Gegenüberstellg d.Entwurfes e. Wasserhaushaltsges. u.d.Stellungnahmen d,Bundesrates,d.Bundesregierung u.d.Zentralausschusses d.Dt.Landwirtschaft. Frankfurt/M. 1956. 80 S. II Ea 19008

Weber,W.: Die Selbstverwaltung in der Landesplanung. Anh.: Gesetzl. Vorschriften. Köln,Berlin 1956. 82 S. II Ea 19014

9.Finanz-,Steuer-und Preisrecht

Tabellen für die Einkommensteuer, Körperschaftssteuer,Gewerbesteuer. Zsgest.v.d.Red. Abgabenrecht. Berlin 1957. 90 S. I Ea 18984

Lorenz,W.: Wie stellt man einen Finanzplan auf? Methodik d.Aufstellg d.Finanzplanes im volkseigenen Industriebetrieb anhand e.prakt.Beispiels. Berlin 1957. 173 S. I Ea 18994

10.Strafrecht,Strafprozeß

Benndorf,W.: Unvernunft und Unheil im Sexualstrafrecht. § 129 IböStG < § 175 d.StGB > im Lichte der Tatsachen. Wien 1956. 41 S.V Ea 18930

Dietz, W.: Täterschaft und Teilnahme im ausländischen Strafrecht. Bonn 1957. 138 S. II Ea 19049

Dimitrijevic, D.V.: (Die Grundlagen des Strafrechts, Allg.Teil, serbokroat.:) Osnovi krivičnog prava Federativne Narodne Republike Jugoslavije. Opšti deo. Sarajewo 1953. 98 S. IV Ea 16244

(Sammlung von Entscheidungen des Obersten Gerichts in Straf- und Zivilsachen, serbokroat.:) Zbirka odluka vrhovnih sudova donetih u krivičnom i gradanskom sudskom postupku. Belgrad 1954. 254 S. IV Ea 15915

Geilen, G.: Der Tatbestand der Parlamentsnötigung < § 105 StGB >. Bonn 1957. 189 S. II Ea 19137

Deutsche Beiträge zum 7.Internationalen Strafrechtskongreß in Athen vom 26.Sept.bis 2.Okt.1957. Hrsg.: E.Mezger,H.H.Jescheck,R.Lange. Berlin 1957. 218 S. II Ea 20094

Kučerjavnyj, N.P.: (Die Verantwortlichkeit für Korruption (Bestechlichkeit) im sowjetischen Strafrecht, russ.:) Otvetstvennost'za bzjatočničestvo po sovetskomu ugolovnomu pravu. Moskau 1957. 186 S.
III Ea 18936

Kühlig, G.: Die Bonner Strafrechtsänderungsgesetze. Berlin 1957. 167 S.
I Ea 20000

Kühlig, G.; G.Schwarz: Bundeswehr hinter Paragraphengittern. Berlin 1957. 132 S.
I Ea 18900

Lange, R.: Der Rechtsstaat als Zentralbegriff der neuesten Strafentwicklung. Tübingen 1952. S.61-76. Aus: Berliner Kundgebung 1952 des Deutschen Juristentages.
II Ea 19086

Malaniuk, W.: Die Abtreibung und verwandte Delikte als Rechtsproblem. Graz, Wien, Köln 1956. 70 S.
V Ea 19121

Middendorff, W.: Jugendkriminologie. Studien u.Erfahrgn. Ratingen 1956. 343 S.
II Ea 18947

The American Law Institute. Model Penal code. Tentative Draft No.1. Submitted by the Council to the Members for discussion at the 13th annual meeting, may 20,21,22 and 23, 1953. Philadelphia 1953. 302 S. u.Nachtr.
V Ea 19189

Nast, M.: Der Streit der westdeutschen imperialistischen Strafrechtslehren wider die bürgerlich-rechtsstaatlichen Grundsätze der strafrechtlichen Verantwortlichkeit. Berlin 1957. 273 S. Berlin, Jur.Fak., Diss.vom 17.Juli 1957.
I Eb 837

Schmidt, E.: Die Reform des Strafrechts im Rückblick auf Berliner Impulse in der Geschichte der modernen Kriminalpolitik. Tübingen 1956 19 S. Aus: Verhandlungen des 41.Juristentages. Bd 2.
II Ea 18893

Deutsches Institut für Rechtswissenschaft. Lehrbuch des Strafrechts der Deutschen Demokratischen Republik. Allg.Teil. Gesamtred.: H.Gerats, J.Lekschas, J.Renneberg. Berlin 1957, 709 S.
I Ea 19079

Die Entwicklung des sowjetischen Strafrechts und sein Einfluss auf die Rechtssprechung in der Sowjetzone. Verhandlg d.10.Tagg d.Königsteiner Kreises am 14.u.15.Okt.1955 in Königstein/Ts. Göttingen 1956. 87 S.
II Ea 18918

11. Kriminalistik, Gerichtliche Medizin, Gerichtspsychiatrie, -psychologie

Hurwitz, S.: (Kriminologie, 2.Aufl., dän.:) Kriminologi 2.udgave. Kopenhagen 1951. 461 S.
V Ea 19057

Legal Medicine. Ed.by R.B.H.Gradwohl. St.Louis 1954. 1093 S.
V Ea 18885

12. Gerichtsverfassung (einschließlich Staatsanwaltschaft, Justizverwaltung, Notariat, Anwaltschaft)

Arndt, A.: Das Bild des Richters. Vortr., geh.vor d.Jurist.Studienges. in Karlsruhe am 2.Nov.1956. Karlsruhe 1957. 20 S.
II Ea 19002

Bernard-Lassere: Fonctions comparées de l'avocat et de L'avoué. Toulouse 1952. 181 S. Toulouse, Jur.Fak., Diss. V Ea 10103

Kalsbach,W.: Standesrecht des Rechtsanwalts. Köln 1956. 717 S. II Ea 19090

May,G.: Die geistliche Gerichtsbarkeit des Erzbischofs von Mainz im Thüringen des späten Mittelalters. Das Generalgericht zu Erfurt. Leipzig 1956. 330 S. I Ea 19020

Schorn,H.: Die Präsidialverfassung der Gerichte aller Rechtswege. Eine Studie aus d.Praxis f.d.Praxis. Münster 1957. 175 S. II Ea 18969

Taner,A.: L'Evolution historique de l'organisation des tribunaux de première instance en France. Toulouse 1938. Toulouse, Jur.Fak., Diss. Ea 20105

13.Zivilrecht

Abraham,H.J.: Die Schiffahrtshypothek im deutschen und ausländischen Recht. Stuttgart 1950. 328 S. II Ea 18841

Organisation und Technik des Aussenhandels. (Von) J.Nykryn u.a. 2. verb.Aufl. Berlin 1957. 829 S. I Ea 18469

Blagojević,B.T.: (Zivilrecht. Schuldverträge, serbokroat.:) Grad'anskopravni obligacioni ugovori. Belgrad 1947. 216 S. IV Ea 16257

Bratus,S.N.: (Subjekte des Zivilrechts, russ.:) Sub'ekty graždanskogo prava. Moskau 1950. 366 S. III Ea 16859

Comparative Studies in Community Property Law. Ed.by J.P.Charmatz and H.S.Daggett. Baton Rouge 1955. 190 S. V Ea 18939

Dietz,A.O.: Die 36 - Milliarden-Dollar-Frage. Die Bedeutg d.Teilzahlungskredits in amerikan.Sicht. Dortmund 1956. 16 S. II Ea 18919

(Sammlung von Entscheidungen des Obersten Gerichts in Straf- und Zivilsachen, serbokroat.:) Zbirka odluka vrhovnih sudova donetih u krivičnom i gradanskom sudskom postupku. Belgrad 1954. 254 S. IV Ea 15915

Fischerhof,H.: Rechtsfragen der Energiewirtschaft. Aufsätze. Frankfurt/M. 1956. 232 S. II Ea 19116

Gentsch,M.: Der Einzelhändler und der Kommissionsvertrag. Berlin 1957. 60 S. I Ea 19179

Haegele,K.: Die Beschränkungen im Grundstücksverkehr. Systemat.Darst. f.d.gesamte Bundesgebiet. Nebst Erg.-Bd 1956. Frankfurt/M., Bonn 1950-1956. Bd 1: 1950. 212 S. Erg.Bd 1956. 53 S. II Ea 19106

Kaser, M.: Eigentum und Besitz im älteren römischen Recht. 2.Aufl. mit Nachtr. Köln, Graz 1956. 397 S. II Ea 19006

Ohlmeyer,D.: Das Kreditgeschäft der ländlichen Kreditgenossenschaften. T.1. Neuwied a.Rh. 1957. 31 S. II Ea 19073

Pringsheim,F.: The Greek Law of sale. Weimar 1950. 580 S. I Ea 18959

Schmucki, A.: Der Mietkaufvertrag. Seine Behandlung nach schweizerischem,französischem und italienischem Recht. Winterthur 1956. 178 S. St.Gallen, Handelshochschule, Diss. V Ea 18892

Simitis,S.: Die faktischen Vertragsverhältnisse als Ausdruck der gewandelten sozialen Funktion der Rechtsinstitute des Privatrechts. Frankfurt/M. 1957. 619 S. II Ea 19115

Sprecher,A.von: Der internationale Kauf. Abkommen u.Abkommensentwürfe zur Vereinheitlichung d.Kollisionsnormen d.Kaufvertrags. Zürich 1956. 178 S. V Ea 18816

Trute,H.: Die Allgemeinen Lieferbedingungen der Elektrotechnischen Industrie. Mindelheim 1956. 51 S. II Ea 18831

Weitnauer: Die Haftung aus Amtspflichtverletzungen. Düsseldorf 1956. 36 S. II Ea 18909

Wille, G.: Principles of South African law. Being a textbook of the civil law of the Union. 4th ed. Cape Town 1956. 579 S. V Ea 18814

(Entwurf des Zivilgesetzbuches der Volksrepublik Ungarn, ungar.:) A magyar népköztársaság polgári törvénykönyve. Tervezet. Budapest 1957. 445 S. IV Eb 855

14.Urheber-und Erfinderrecht

Furler,H.: Das internationale Musterrecht. Komm.zum Haager Musterabkommen. Berlin,Köln,Detmold 1951. 214 S. II Ea 19011

Gebhardt,A.: Das Rechtsverhältnis zwischen Komponist und Librettist. Eine urheberrechtl.Studie. Berlin 1954. 71 S. II Ea 18926

Neuberg,E.: Der Lizenzvertrag und die internationale Patentverwertung. 3.,erw.Aufl. Weinheim/Bergstr. 1956. 144 S. II Ea 19041

Reimer,E.;H.Moltke von: Erfindungs-und patentrechtliche Vorschriften im kommenden deutschen Atomenergierecht. Rechtsvergl.Gutachten erstattet im Auftr.d.Interparlamentar.Arbeitsgemeinschaft. München, Köln,Berlin 1956. 69 S. II Ea 19015

Stumpf,H.: Der Lizenzvertrag. Frankfurt/M.1956. 157 S. II Ea 19092

Vaughan,F.L.: The United States. Patent System.Legal and economic conflicts in American patent history. Norman 1956. 355 S.V Ea 18813

15.Vertragssystem und vertragsgerichtliches Verfahren.

Lucko, C.: Beiträge zur Ökonomik des Transportwesens. Unter bes.Berücks.d.Vertragssystems im Bereich d.Eisenbahn,Schiffahrt u.d.Kraftverkehrs. Berlin 1957. 155 S. I Ea 18844

16.Handelsrecht,Wertpapierrecht,Kartell-und Wettbewerbsrecht

Bartoš,M.;Z.Antonijevič;V.Jovanovič: (Wechsel-und Scheckrecht,serbokroat.:) Menicno i cekovno pravo. Belgrad 1953. 307 S. IV Ea 15900

Gabriel, S.L.: Landwirtschaft und Wettbewerbsordnung. Hannover 1954. 47 S. II Ea 19206

Heathcote-Williams,H.;E.Roberts;R.Bernstein: The Law of restrictive trade practices and monopolies. London 1956. 221 S. V Ea 18982

Henkelmann, W.: Privater Handel oder genossenschaftlicher Handel in der Landwirtschaft. Hannover 1953. 53 S. II Ea 19205

International Trade 1955. The contracting parties to the general agreement on tariffs and trade. Genf 1956. 229 S. V Ea 19187

Lassègue,P.: La Réforme de l'entreprise. Etude critique sur les possibilités d'une "tierce solution. Paris 1948. 458 S. Toulouse,Jur. Fak.,Diss.vom 3.Juli 1948 V Ea 20115

Riemann,F.: Zur Formulierung des gesetzlichen Begriffes "Genossenschaften". Hannover 1954. 32 S. II Ea 19204

Rossignol,E.: Les Etrangers en droit commercial. Toulouse 1942. 168 S. Toulouse,Jur.Fak.,Diss. Ea 20108

Spengler,A.: Wettbewerb. Recht u.Schranken. Ein Leitfaden f.d.Praxis. Stuttgart 1957. 180 S. II Ea 19089

White,C.M;M.M.Wells: Underhill's Law relating to trusts and trustees. 10-th ed. London 1950. 593 S. V Ea 18880

17.LPG-Recht,Bodenrecht,Landwirtschaftsrecht

Danilevskij,A.F.: (Das Leninsche Dekret über den Boden und dessen Bedeutung für die Festigung des Bündnisses der Arbeiterklasse mit der Bauernschaft, russ.:) Leninskij dekret o zemle i ego rol'v ukreplenii sojuza rabočego klassa i krest'janstva (1917-1918) Moskau 1957. 39 S. III Ea 16923

Fábry, V.: (Das Recht der landwirtschaftlichen Genossenschaften, tschech.:) Zemědělsko-družstevní právo. Prag 1956. 509 S. IV Ea 20051

Grigor'ev, V.K.: (Die gesetzlichen Grundlagen der Landbesitzverhältnisse in der Tschechoslowakischen Republik, russ.:) Zakonodatel'nye osnovy zemel'nych otnošenij v Českoslovackoj Respublike. Moskau 1956. 33 S. III Ea 18301

Grigor'ev,V.K.: B.V.Erofeev;M.S.Lipecker (Das Boden-u.Kolchosrecht, russ.:) Zemel'noe i kolchoznoe pravo. Moskau 1957. 270 S. III Ea 18677

Kazancev,N.D.: (Die gesetzlichen Grundlagen der Landbesitzverhältnisse in der Deutschen Demokratischen Republik, russ.:) Zakonodatel'nye osnovy zemel'nych otnošenij v Germanskoj Demokratičeskoj Respublike. Moskau 1956. 27 S. III Ea 18306

Kazancev,N.D.: (Die gesetzlichen Grundlagen der Landbesitzverhältnisse der Polnischen Volksrepublik, russ.:) Zakonodatel'nye asnovy zemel'nych otnošenij v Polskoj Narodnoj Respublike. Moskau 1956. 46 S. III Ea 18482

Mitrany,D.: Marxismus und Bauerntum. Eine Studie.(Aus d.Engl.übers.) München 1956. 298 S. II Ea 17289

Puvogel, C.: Der Weg zum Landwirtschaftsgesetz. Bonn,München,Wien 1957. 232 S. II Ea 18908

Ruskol,A.A.: (Die Verantwortlichkeit der Kollektivwirtschaft für den Schaden,der der Gesundheit des Kollektivbauern zugefügt worden ist,russ.:) Imuščestvennaja otvetstvennost' kolchoza za vred,pričinennyj zdorovju kolchoznika na rabote v kolchoze. Moskau 1957. 46 S. III Ea 18775

18.Familienrecht

A Century of Family Law. 1857-1957. Ed.by R.H.Graveson and F.R. Crane. London 1957. 459 S. V Ea 19103

Hagemeyer,M.: Der Entwurf des Familiengesetzbuches der "Deutschen Demokratischen Republik".3.,erg.Aufl. Mit e.Anh.: Der Entwurf des Familiengesetzbuches in Wortlaut. Bonn 1955. 55 S. II Ea 20133

Matrimonial Property Law. Ed.: W.Friedmann. London 1955. 472 S. V Ea 19104

Patschová,Z.;R.Orlický;J.Štěpina: (Die Unterhaltspflicht nach dem Gesetz über das Familienrecht, tschech.:) Vyživovací povinnost podle zákona o právu rodinnem. Prag 1956. 311 S. IV Ea 18751

Rouffiac,J.: De l'Organisation de la tutelle des enfants naturels de 1804 à nos jours. Mende 1940. 136 S. Toulouse,Jur.Fak.,Diss. Ea 20107

19.Zivilprozeß und Freiwillige Gerichtsbarkeit

Baumgärtel,G.: Wesen und Begriff der Prozeßhandlung einer Partei im Zivilprozeß. Berlin,Frankfurt/M. 1957. 299 S. II Ea 19046

Guldener,M.: Grundzüge der freiwilligen Gerichtsbarkeit der Schweiz. Zürich 1954. 108 S. V Ea 18887

Klejnman,A.F.: (Grundlegende Fragen der Beweistheorie im sowjetischen Zivilprozeß, russ.:) Osnovnye voprosy teorii dokazatel'stv v sovetskom graždanskom processe. Moskau 1950. 70 S. III Ea 16912

Konkursordnung mit Einführungsgesetzen. Komm.begr.von E.Jaeger. 8.Aufl.bearb.von F.Lent u.F.Weber. Bd 1. Berlin 1955. 918 S. II Ea 18946

Lent,F.: Zivilprozessrecht. Ein Studienbuch. 7.,neubearb.Aufl. München,Berlin 1957. 264 S. II Ea 18937

Wielenga,B.E.: Essai sur la cassation civile aux Pays-Bas. La Haye 1952. 122 S. Toulouse,Jur.Fak.,Diss. V Ea 20106

Zorowka,G.: Die Zulässigkeit bezw.Unzulässigkeit des Zivilrechtsweges im kapitalistischen Deutschland. Halle/S.1957. getr.Pag. Halle,Jur.Fak.,Diss.vom Febr.1957 I Eb 842

20.Arbeits-und Sozialrecht incl.Verfahren

Albrecht,G.: Sozialpolitik. Göttingen 1955. 242 S. II Ea 19055

Aleksandrov,N.G.: (Das Arbeitsrechtsverhältnis, poln.:) Prawny stosunek pracy. (Aus d.Russ.übers.) Warschau 1951. 451 S. IV Ea 16638

Antony,V.: Die Neuregelung der Rentenversicherung der Arbeiter und Angestellten. Stuttgart,München,Hannover 1957. 31 S. II Ea 19210

Die Beschäftigungsfreiheit der Montanfacharbeiter. Beschluss d.Bes. Ministerrates d.Montanunion vom 8.Dez.1954 betr.d.Anwendg d.Art.69 d.Vertr.v.18.April 1951 über d.Gründg d.Europ.Gemeinschaft f.Kohle u.Stahl. Erl.v.R.Petz u.Zöllner Berlin,Frankfurt/M. 1956. 197 S. II Ea 18344

Bötticher,E.: Waffengleichheit und Gleichbehandlung der Arbeitnehmer im kollektiven Arbeitsrecht. Karlsruhe 1956. 18 S. II Ea 19134

Coser,L.A.: The Functioms of social conflict. London 1956. 188 S. V Ea 18597

Duwankow, G.S.: Die Arbeit der Arbeitsschutzkommission und der Arbeitsschutzobmänner.(Aus d.Russ.übers.) Berlin 1956. 131 S. I Ea 18719

Fonters,J.: Les Salaires en France depuis la liberation. Toulouse 1953. 99 S. Toulouse,Jur.Fak.,Diss.vom 23.April 1953. V Eb 845

Garantierter Jahreslohn. Plan über zusätzl.Arbeitslosenunterstützung zwischen General Motors Corporation u.Amerikanische Automobilarbeiter Gewerkschaft < UAW-CIO > vom 12.Juni 1956. < Original u.Übers.> Essen 1956. 36 S. II Ea 18827

(Die britischen Gewerkschaften,russ.:) Britansky tred-junionizm. (Aus d.Russ.übers.) Moskau 1956. 205 S. III Ea 17873

Gorochovskij, B.P.: (Renten bei Invalidität nach dem Gesetz über staatliche Renten, russ.:) Pensii po invalidnosti po zakonu o gosudarstvennych pensijach. Moskau 1957. 52 S. III Ea 18851

Grundmann,G.: Rechts[illegible]en für Ingenieure. Berlin 1957. 230 S. I Ea 18835

Hohenester,H.: Die Grenzen der Streikfreiheit im Hinblick auf die Arbeitsniederlegung als solche. München 1956. 112 S. II Ea 18924

Protokoll des 4.ordentlichen Gewerkschaftstages der Industriegewerkschaft Metall für die Bundesrepublik Deutschland in der Westfalenhalle Dortmund vom 10.bis 15.Sept.1956. Frankfurt/M.1956. 600 S. II Ea 20037

Internationale Arbeitskonferenz. 39.Tgg. Genf 1956.1.Punkt d.Tagesordng. Bericht des Generaldirektors. Genf 1956. 152 S. V Ea 20056

Kaufmann, M.: Beiträge zu Lohnfragen der Deutschen Reichsbahn. Die Möglichkeiten d.Beseitigung d.Gleichmacherei bei kollektiver Entlohnung in d.Fahrzeugausbesserung.-J.Uhlmann.Die Entlohnung nach der Leistung im Zugbegleitdienst d.Dt.Reichsbahn. Berlin 1957. 101 S. I Ea 18733

Liebscher,G.;G.Thude: Die Prinzipien und Aufgaben der Sozialversicherung in der Deutschen Demokratischen Republik. Der Kampf d.Arbeiterklasse u.d.Rolle d.Gewerkschaften beim Neuaufbau d.Sozialversicherung von 1945 bis heute. Berlin 1957. 89 S. I Ea 18871

Lohnfortsetzungs-Tabelle zur Berechnung der Vergütung für Arbeiter im Krankheitsfall. Gültig ab 1.Juli 1957. Berlin 1957. 19 S.
II Eb 457

Marten, J.: Grundlagen und Formen der Entlohnung nach Arbeitsleistung.< Untersucht in Kunstfaserbetrieben d.DDR.> Berlin 1957. 156 S.
I Ea 19177

Marx, K.T.: Die Städte zur Neuordnung der sozialen Leistungen. Der 9.Hauptversammlg d.Dt.Städtetages vorgelegt. Stuttgart,Köln 1956. 128 S.
II Ea 18390

Munkman,J.: Employers' Liability at common law. 3rd ed.London 1955. 496 S.
V Ea 18922

Organisation internationale du Travail. Le Chômage saissonier dans l'industrie de la construction. 3me question á l'ordre du jour. Genf 1951. 106 S.
V Ea 18449

Organisation internationale du Travail. Commission du batiment,du génie civil et des travaux publics. 3me session. Genève 1951. Rapport général. 1 ère question àl'ordre du jour. Genf 1951. 98 S.
V Ea 18448

Pollock,F.: Automation. Materialien zur Beurteilg d.ökonom.u.sozialen Folgen. Frankfurt/M. 1956. 318 S.
II Ea 18921

Postwar labor policy: A survey of opinion. Report on attitudes of 600 informed persons representing labor,management, and those professionally occupied in industrial relations on mediation and arbitration of postwar labor disputes and the government's role therein. Compiled by editorial staff. Washington 1945. 43 S.
V Eb 825

Rösler,J.B.: Der naturgerechte Aufbau der freien und staatlichen Hilfeleistung. Heidelberg 1954. 97 S.
II Ea 18690

Sahmer,H.: Die arbeits- und die sozialversicherungsrechtlichen Bestimmungen des Eignungsübungsgesetzes. Düsseldorf 1956. 2 S.
II Eb 748

Schreiber,W.: Reform der Kriegsopferversorgung. Baden-Baden, Frankfurt/M. 1956. 82 S.
II Ea 19093

Schulz,W.;I.Noack: Das Urlaubsrecht. 3.überarb.u.erg.Aufl. Berlin 1957. 156 S.
I Ea 18904

Stupnicki,R.: Die soziale Stellung des Arztes in der Schweiz. Bern 1953. 168 S.
V Ea 16804

Thieding, F.: Das soziale Mosaik. Eine Studie d.individuellen u.kollektiven Leistgn zur Sicherg d.Lebens. Ein Beitr.z.Neuordng d.Sozialversicherg. Hamburg 1956. 360 S.
II Ea 18093

21.Internationales Privatrecht

Blom-Cooper, L.J.: Bankruptcy in private international law. London 1954. 159 S. Amsterdam, Jur.Fak.,Diss.vom 2.Juli 1954 V Eb 454

Cheshire,G.C.: Private international law. 5th ed.Oxford 1952. 702 S.
V Ea 18766

Högtun,G.: Die Parteiautonomie und die universelle Vereinheitlichung des internationalen Privatrechts. Oslo 1955. Getr.Pag. V Ea 19065

(Texte aus dem internationalen Privatrecht mit Kommentar,serbokroat.:) Tekstovi iz med'unarodnog privatnog prava sa objašńeńima. Pripremili: M.Jezdić';B.Nikolajević'. Belgrad 1951. 233 S. IV Ea 15893

Kegel,G.: Probleme des internationalen Enteignungs-und Währungsrechts. Köln 1956. 53 S. II Ea 18911

Viner,J.: The Customs Union Issue. New York,London 1950. 221 S. V Ea 18579

Wiethölter, R.: Einseitige Kollisionsnormen als Grundlage des Internationalen Privatrechts. Berlin 1956. 123 S. II Ea 18246

Zaphiriou,G.A.: The Transfer of chattels in private international law. A comperative study. London 1956. 227 S. V Ea 18974

22.Festschriften

Das amerikanische Beschäftigungsgesetz. Vergangenheit u.Zukunft. Eine Festschr.d.National Planning Association,Washington zum zehnjähr. Bestehen d.Gesetzes. Mit Beitr. führenden Persönlichkeiten aus Politik,Verwaltugn, Wirtschaft u.Wiss.d.Vereinigten Staaten von Amerika. Hrsg.v.G.Colm. Berlin 1956. 262 S. II Ea 18339

Sozialpolitik, Arbeits-und Sozialrecht, Festschrift f.Sitzler zu seinem 75.Geb. Hrsg.: H.C.Paulssen u.a. Stuttgart 1956. 448 S. II Ea 18406

Staat und Recht im Lichte des Grossen Oktober. Festschr.zum 40.Jahrestag d.Großen Sozialistischen Oktoberrevolution. Berlin 1957. 497 S. I Ea 20156

23.Juristische Ausbildungs-und Prüfungsfragen

Keine Eingänge

III.Sonstiges

Girnus, W.: Zur Idee der sozialistischen Hochschule. Rede auf d. Rektorenkonferenz zu Berlin am 14.Juni 1957. Berlin 1957. 43 S. I Ea 18808

Ausschuss für Deutsche Einheit. Berichte über die kulturpolitische Entwicklung der Bundesrepublik. Berlin 1956. 77 S. I Eb 408

Rassenfrage - heute. Hrsg.: Deutscher Koordinierungsrat,Frankfurt/M. u.Gesellschaft f.christl. jüdische Zusammenarbeit, München. München 1955. 93 S. II Ea 17294

Rie,R.: Das Schicksal der Neger in den Vereinigten Staaten. Laupheim/Württ. 1956. 43 S. II Ea 18598

D. ÜBERSETZUNGEN AUS DER ZEITSCHRIFT "SOVETSKOE GOSUDARSTVO I PRAVO"[1)]

Inhaltsverzeichnis von 1957, Heft 10:

Artikel

Čistjakov, O.I. (Tschistjakow, O.I.): Die Bildung der Russischen Föderation (1917-1918) S.3 - 12

Gudošnikov, L.M. (Gudoschnikow, L.M.): Die Entwicklung des Systems der örtlichen Organe der Staatsmacht und der Staatlichen Verwaltung der Volksrepublik China. S.13- 25

Belov, A.S. (Below, A.S.): Die rechtliche Regelung der Arbeitsbedingungen der Beschäftigten, die mehrere Maschinen bedienen, und der Beschäftigten die mehrere Berufe ausüben. S.26- 35

Gurvič, M.A. (Gurwitsch, M.A.): Das Recht der Kassationsinstanz auf Abänderung von Gerichtsurteilen. S.36- 44

Gal'perin, I.M.: Über die strafrechtliche Verfolgung, die der Geschädigte im sowjetischen Strafprozeß einleitet. S.45- 54

Šarmazanašvili, G.V. (Scharmasanaschwili, G.W.): Der Kolonialkrieg - eine grobe Verletzung des Völkerrechts. S.55- 61

Gerasimov, G.I. (Gerassimow, G.I.): Der Europarat - ein Rat zur Spaltung Europas. S.62- 69

Tumanov, V.A. (Tumanow, W.A.): Zu einigen Merkmalen des modernen bürgerlichen Normativismus. S.70- 81

Vorschläge über die Vervollkommnung der Gesetzgebung

Solov'ev, V.I.; G.N. Polanskaja (Solowjew, W.I.): Über die Kodifizierung der sowjetischen Forstgesetzgebung. S.82- 91

Diskussionen und Erörterungen

Pašerstnik, A.E. (Paschorstnik, A.E.): Über den Wirkungsbereich der Prinzipien des sowjetischen Arbeitsrechts. S.92-103

Übersichten über die Gerichts- und Arbitragepraxis

Ring, M.P.; M.I. Mal'ginova (Malginova, M.I.): Strittige Fragen der Gerichtspraxis in Wohnungssachen. S.104-110

1) Die hier angezeigten Artikel werden laufend übersetzt und sind gemäß der Benutzungsordnung der Bibliothek des Deutschen Instituts für Rechtswissenschaft ausleihfähig.

Inhaltsverzeichnis von 1957, Heft 11:

Artikel

Rezensionen

Bibliographie

E. 15.(29.) VERZEICHNIS DER IN DER BIBLIOTHEK DES DEUTSCHEN INSTITUTS FÜR RECHTSWISSENSCHAFT VORHANDENEN UNVERÖFFENTLICHTEN ÜBERSETZUNGEN 1)

1. Gesetzesmaterialien und Dokumente (auch Verfassungen und Kurzkommentare)

Artikel 203 -Erlass des Präsidiums des Obersten Sowjets der UdSSR" Über die Aufhebung der gerichtlichen Verantwortlichkeit der Arbeiter und Angestellten für eigenmächtigen Weggang aus den Betrieben und Institutionen und für Arbeitsversäumnis ohne triftigen Grund. Ob otmene sudebnoj otvetstvennosti rabočich i služaščich za samovol'nyj uchod s predprijatij i iz učreždenij i za progul bez uvažitel'noj pričiny [dt.] 5 S.
Aus: Vedomosti Verchovnogo Soveta. 1956/H. 10 6852 v.8.Mai 1956. Art.203. ÜR 986

Erlass des Präsidiums des Obersten Sowjets der UdSSR" Über die Abänderung des Artikels 6 des Erlasses des Präsidiums des Obersten Sowjets der UdSSR vom 25.April 1956 - Über die Abschaffung der gerichtlichen Verantwortlichkeit der Arbeiter und Angestellten für den eigenmächtigen Weggang aus den Betrieben und Institutionen und für die Arbeitsversäumnis ohne triftigen Grund." Ob izmenenii stat'i 6 Ukaza Prezidiuma Verchovnogo Soveta SSSR ot 25 aprelja 1956 g."Ob otmene sudebnoj otvetstvennosti rabočich i služaščich za samovol'nyj uchod s predprijatij i iz učreždenij i za progul bez uvažitel'noj pričny" [dt.] 1 S.
Aus: Vedomosti Verchovnogo Soveta. 1957/H.3 (870) v.8.Febr.1957. ÜR 988

Artikel 58.-Erlass des Präsidiums des Obersten Sowjets der UdSSR "Über die Bestätigung der Verordnung über das Verfahren bei der Untersuchung von Arbeitsstreitigkeiten". Ukaz Prezidiuma Verchovnogo Soveta SSSR 58 ob utverždenii položenija o porjadke rassmotrenija trudovych sporov [dt.] 16 S.
Aus: Vedomosti Verchovnogo Soveta SSSR. 1957/4. ÜR 993

Nr 51. Verordnung der Minister für Justiz, Inneres und Nationale Verteidigung vom 23.August 1957 Über das Strafregister. Nařízení o rejstříku trestu [dt.] 3 S.
Aus: Sbírka zákonu ČSR. 1957/26.
[Betr.: ČSR.] ÜT 468

1) Die hier angezeigte Literatur ist gemäß der Benutzungsordnung der Bibliothek des Deutschen Instituts für Rechtswissenschaft für die Mitglieder des Deutschen Instituts für Rechtswissenschaft, Ministerien und zentrale Institutionen der Deutschen Demokratischen Republik und nach der Leihverkehrsordnung der Bibliotheken ausleihfähig.-Verzeichnis 1 - 4 erschien hektographiert, Verzeichnis 5 - 14 ist enthalten im Mitteilungsblatt des Deutschen Instituts für Rechtswissenschaft 1953, Nr.1 - 1955,Nr.3 .

Das Verwaltungsstrafgesetz der Tschechoslowakischen Republik.< Gesetz vom 12.Juli 1950 > Administrativno-ugolovnyj zakon. Zakon ot 12 ijulja 1950 g., [dt.] 62 S.[prava]
Aus: Bjulleten'Čechoslovackogo 1951, No 2. ÜR 989

Die Verwaltungsstrafprozessordnung der Tschechoslowakischen Republik. < Gesetz vom 12.Juli 1950 >. Administrativnyj ugolovnoprocessual'nyj kodeks. Zakon ot 12 ijulja 1950 g., No 89 Sobranija zakonov Čechoslovackoj respubliki, opublikovannyj 18 ijulja 1950 g. i vstupivšij v dejstve 1 avgusta 1950 g. [dt.] 44 S.
Aus: Bjulleten' Čechoslovackogo prava. 1951, No 2. ÜR 995

Gesetz vom 22.Dez.1953, das zur Änderung und Ergänzung einiger Bestimmungen des Verwaltungsstrafrechts herausgegeben wurde. Zakon ot 22 dekabrja 1953 goda, izdannyj v izmenenie i dopolnenenie nekotorych postanovlenij administrativnogo ugolovnogo prava [dt.] 10 S.
Aus: Bjulleten'Čechoslovackogo prava. 1954, No 2. ÜR 992

2.Philosophie

Filipec, J.: Zur philosophischen Problematik des Kampfes gegen den Revisionismus. K filosofické problematice boje proti revisionismu [dt.] 33 S.
Aus: Nová mysl. 1957/9. ÜT 455

3.Rechtswissenschaft (Aufgaben und Methoden)

Die hohe Pflicht der sowjetischen Juristen. 10 S.
Aus: Sovetskaja justizija. 1957/1. ÜR 984

4.Staats- und Rechtstheorie

Borucka-Arotowa, M.: Die Bedeutung der soziologisch-juristischen Forschungen für die Theorie des Staates und des Rechts. Znaczenie badań socjologicznoprawnych dla teorii państwa i prawa [dt.] 26 S.
Aus: Państwo i prawo. 1956/4-5. ÜP 584

Knapp, V.: Einleitung zur Diskussion über das System des tschechoslowakischen sozialistischen Rechts. Úvod k diskusi o systemu československého socialistického práva [dt.] 22 S.
Quelle: Manuskript. ÜT 467

Kovalčuk, A.S.; P.A.Račkov; V.I.Šiškina(Kowaltschuk,A.S.;P.A.Ratschkow, W.I.Schischkina): Die theoretische Konferenz über Fragen der kommunistischen Moral. Teoretičeskaja konferencija po voprosam kommunističeskoj morali [dt.] 11 S.
Aus: Voprosy filosofi. 1957/3. ÜR 982

Lakatoš, M.: Die Formen des tschechoslowakischen Rechts. Formy československého práva [dt.] 172 S.
Aus: Rozpravy Československé Akademie Věd. 1956/5. ÜT 434

Lakatoš, M.: Zu einigen Fragen der Zusammenarbeit von Wissenschaft und Gesetzgebung. K některým otázkám spolupráce vědy s legislativou [dt.] 24 S.
Aus: Právnik. 1957/7.
[Betr.: ČSR] ÜT 451

Szabo, I.: Hans Kelsen und die marxistische Rechtstheorie. Hans Kelsen és a marxista jogelmélet [dt.] 68 S.
Aus: Allam- és jogtudományos értesitö. 1957, S.5-36. ÜUn 208

5.Geschichte der Staats-und Rechtstheorie

Keine Eingänge

6.Staats-und Rechtsgeschichte

Über die Vorbereitung eines Lehrbuches der Geschichte der Sowjetgesellschaft.O podgotovke učebnogo posobija po istorii sovetskogo obščestva [dt.] 1 S.
Aus: Vestnik akademii nauk SSSR. 1956/6. ÜR 981

Zatorski,A.: Für die Volksfront in Polen. O front ludowy w Polsce [dt.] 29 S.
Aus: Nowe drogi 1957/6. ÜP 576

7.Völkerrecht und Außenpolitik

Potočný: Rezension über Joachim Peck: "Zum völkerrechtlichen Status der Deutschen Demokratischen Republik", Berlin 1956. [dt.] 3 S.
Aus: Časopis pro mezinárodní právo. 1957/3. ÜT 457

8.Staatsrecht

Grzybowski, K.: Der "Stalinismus" im sozialistischen Verfassungsrecht. "Stalinizm" w socjalistycznym prawie konstytucyjnym [dt.] 36 S.
Aus: Państwo i prawo. 1957/6. ÜP 582

Ivanov, B.: Eine Instruktion, die gegen das Gesetz verstösst. Instrukcija, karušajuščaja zakon [dt.] 20 S.
Aus: Socialističeskaja zakonnost'. 1957/8.
[Betr.: UdSSR.] ÜR 990

9.Gerichtsverfassung(einschließlich Staatsanwaltschaft, Justizverwaltung,Notariat und Anwaltschaft)

Wir wählen die Richter und Volksrichter der Volks- und Bezirksgerichte. Volíme soudce a soudce z lidu lidových a krajských soudu [dt.] 47 S.
Aus: Socialistická zákonnost. 1957/8.
[Betr.: ČSR.]

10.Verwaltungsrecht und Allgemeine Aufsicht des Staatsanwalts

Keine Eingänge

11.Finanzrecht

Keine Eingänge

12.Strafrecht,Strafprozeß

Blumová,D.;K.Škvrně: Einige Bemerkungen zur Frage der Jugendkriminalität. Několik poznámek k otázce trestné činnosti mládeže [dt.] 16 S.
Aus: Soudce z lidu. 1957/7-8.
[Betr.: ČSR.] ÜT 459

Buchala, K.: Die Grundlagen der Anwendung der Untersuchungshaft im Gesetz und in der Praxis. Podstawy stosowania aresztu tymczasowego w ustawie [dt.] 41 S.
Aus: Nowe prawo. 1957/7-8.
[Betr.: Polen] ÜP 57

Melichar,J.: Die Abstandnahme von Bestrafung. Upuštění od potresti [dt.] 7 S.
Aus: Soudce z lidu. 1957/6.
[Betr.: ČSR] ÜT 45

Polockij,E.;E.Šejno(Polozkij,E.;E.Schejno): Die Ordnung der Untersuchung von Verbrechen Minderjähriger und der Verhandlung gegen s Porjadok rassledovanija prestuplenij nesoveršennoletnich i rassmotrenija del o nich [dt.] 11 S.
Aus: Socialističeskaja zakonnost'. 1957/9.
[Betr.: UdSSR.] ÜR 9

Tibitanzl,K.: Zur Regelung des Kapitel X Strafgesetzbuch. K úpra X. hlavy trestního zákona [dt.] 16 S.
Aus: Socialistická zákonnost. 1957/8.
[Betr.: ČSR] ÜT 4

Wieczorek, T.: Die Partei im Kampf gegen die Wirtschaftskriminaltät. Partia w walce z pezestepozościa gospodarcza [dt.] 27 S.
Aus: Nowe drogi. 1957/10-11.
[Betr.: Polen] ÜP 5

13.Kriminalistik,Gerichtliche Medizin,Gerichtspsychiatrie-,psychologie

Keine Eingänge

14.Zivilrecht

Hrivnák, J.: Die Vermögensverantwortlichkeit der Angestellten f das Erlöschen von Ansprüchen auf Verzugszinsen bezw.andere Verm sanktionen. Majetková zodpovednost' zamestnancov za zánik nárok na výnesové penále resp. iné majetkové sankcie [dt.] 7 S.
Aus: Právny obzor. 1957/7.
[Betr.: Slowakei.] ÜS

Knapp,V.: [Rezension des Buches] "Das Zivilrecht der Deutschen mokratischen Republik." Berlin 1955. Občanské právo Německé De tické Republiky [dt.] 7 S.
Quelle: Manuskript. ÜT

Kosík,V.: Die Verbindlichkeiten aus der Durchführung des Aussedels. Závazky z provádění zahraničního obchodu [dt.] 40 S.
Aus: Právník. 1957./7.
[Betr.: ČSR] ÜT

Winiarz, J.: Bericht aus der Diskussion über die Arbeit K.Przybylowskis: "Die zivilrechtliche Bedeutung des Schutzes und der Festigung des gesellschaftlichen Eigentums". Sprawozdanie z dyskusji nad praca K.Przybylowskiego:" Cywilno-prawne znaczenie obowiazku strzezenia i umacniania wlasnósci spolecznej" [dt.] 7 S.
Aus: Państwo i prawo. 1957/2.
[Betr.: Polen] ÜP 574

15.Urheber- und Erfinderrecht

Milde,M.: Bemerkungen zum "Welturheberrechtsabkommen". Na okraj "Všeobecné úmluvy o autorském právu" [dt.] 26 S.
Aus: Právnik. 1957/6. ÜT 449

16.Vertragssystem,Vertragsgerichtliches Verfahren

Keine Eingänge

17.LPG- Recht,Bodenrecht

Kokavec, D.: Die Ersatznutzung des Bodens - eine neue Institution unseres sozialistischen Rechts. Náhradné užívanie pody - nová inštitúcia násno socialistického práva [dt.] 29 S.
Aus: Právnické štúdie. 1957/3. ÜS 112

Syroka,J.: Angaben über die Lage in den Produktionsgenossenschaften. Dane o sytuacji w spoldzielniach produkcyjnych [dt.] 30 S.
Aus: Nowe drogi. 1957/10-11.
[Betr.: Polen] ÜP 590

18.Familienrecht

Christian,J.: Das Familienrecht in der Volksrepublik Rumänien. Dreptul de Familie in Republica Populara Romina [dt.] 24 S.
Aus: Justitia nouă. 1957/5. ÜRum 83

Salov,S.: Aktuell gewordene Probleme des sowjetischen Familienrechts. Nazrevšie problemy sovetskogo semejnogo prava [dt.] 11 S.
Aus: Socialističeskaja zakonnost'. 1957/9. ÜR 996

19.Zivilprozeß(einschließlich Familienrechtliches Verfahren)

Keine Eingänge

20.Arbeitsrecht(einschl.Verfahren)

Kalinowski,I.;Z.Salwa: Bemerkungen zur Frage des Inhalts der von den Arbeiterräten festgelegten Betriebsordnungen. Uwagi w sprawie tresci regulaminów pracy ustanowionych przez rady robotnicze [dt.] 29 S.
Aus: Przeglad zagadnień socjalnych. 1957/8.9.
[Betr.: Polen] ÜP 586

Modlinski,E.: Verschiedene Fragen der strafrechtlichen Verantwortlichkeit auf dem Gebiete des Arbeitsschutzes. O niektórych zagadnienach odpowiedzialnósci karnej w zakresie BHB [dt.] 41 S.
Aus: Pański i prawo. 1957/4-5.
[Betr.: Polen] ÜP 580

Salwa,Z.: Die materielle Verantwortlichkeit des Beschäftigten. Odpowiedzialność materialna pracownika [dt.] 24 S.
Aus: Panstwo i prawo. 1957/4-5.
[Betr.: Polen] ÜP 578

21.Internationales Privatrecht

Borský,E.: Der Abschluss von Verträgen mit ausländischen Partnern vom Standpunkt des internationalen Privatrechts. Uzavření smluv se zahraničními stranami s hlediska mezinárodního práva soukromého [dt.] 16 S.
Aus: Časopis pro mezinárodni právo. 1957/3. ÜT 463

Kutikoff,V.: Über einige Fragen der Ehe und Ehescheidung im bulgarischen internationalen Privatrecht. Varchu nijakoj vaprosi na braka i razvoda v balgarskoto mezdunarodno častno pravo [dt.] 43 S.
Quelle: Manuskript. ÜB 176

Vasil'ev, L.: Die Rechtsordnung für internationale Zahlungen durch das Clearing im internationalen Handel zwischen Ländern mit verschiedener Wirtschaftsstruktur. Régime juridique des paiements internationaux par clearing dans le commerce international entre pays à structure économique differente [dt.] 75 S.
Quelle: Manuskript: ÜF 10

22.Sonstiges

Keine Eingänge

ALPHABETISCHES SACHGRUPPENVERZEICHNIS